Texel

Susanne Völler

Inhalt

Das Beste zu Beginn

Mit Lippenstift wäre ich die Königin!
Noch immer gibt es sie, die *jutter* (Strandräuber). Stürmt es, ziehen sie los und hoffen auf Beute. Ich auch. Doch ich habe noch nie was Richtiges gefunden, nur kaputte Netze, einen Handschuh … Wenigstens Lippenstift (► S. 101), das wäre mal was!

›De échte Texel Puzzel‹
Es geht weg wie warme Semmeln, und schon kurz nach dem ersten Puzzle ist die dritte Edition am Start! Wer sich so gar nicht von der Insel trennen kann, nimmt sie so einfach mit nach Hause. Die Wimmelbilder zusammenzupuzzeln macht Spaß – auf der Insel *und* daheim (19,95 €, erhältlich u. a. beim VVV, ► S. 33).

Auf ein Eis, ein Brot, ein Bier, einen Kaffee …
Selbst am Strand müssen Sie nicht auf *lekker eten gaan* verzichten. Das ›Essen auf Pfählen‹ in den Strandpavillons macht es möglich. Vom Eis oder dem Kartoffelstäbchen über den typisch holländischen Apfelkuchen bis zum Menü gibt es alles. Viele haben ganzjährig geöffnet, die übrigen von den Oster- bis zu den Herbstferien, dann werden sie ab- und im Frühling wieder aufgebaut. Das Schöne: Hier kann man stundenlang hocken …

Seehund sucht Eltern
Für nur 60 € im Jahr einen Seehund oder eine Kegelrobbe zu adoptieren, ist doch günstig, oder? Mit dieser symbolischen Adoption unterstützen Sie bei Ecomare (► S. 64) die komplette Seehundaufzucht und sind an den Kosten für Fisch, Tierarzt, Pflege und Unterbringung beteiligt. Dafür gibt's ein Foto und freien Eintritt.

Niederländisch für Anfänger
Nur allzu gern erbringen die Niederländer mit links den Beweis, dass sie zumindest Englisch und Deutsch sprechen. Doch freuen sie sich über einige niederländische Floskeln von Ihnen. *Goedemorgen* – guten Morgen. *Tot ziens* – auf Wiedersehen. *Bedankt* – danke. *Proost* – prost!

Life is a beach

Die Jungs und Mädchen der *strandwacht* sind natürlich cool, aber vor allem gut ausgebildet und trainiert. Und aufmerksam. Flaggen an den bewachten Stränden bedeuten: Rot = Baden verboten, Gelb = Schwimmen gefährlich, Grün = alles gut.

Graue Kleckse …

Ob sie gewusst haben, dass ich so gut wie blind bin ohne Brille, sie kaum erkennen kann? Ich gehe immer ›ohne‹ ins Wasser, merke mir am Strand die Farbe eines Windsegels, eines Badetuchs – blöd, wenn die Besitzer umziehen. Ich hatte schon bemerkt, dass etwas Graues neben mir auftauchte, in der Sonne glitzerte, wieder weg war. Minutenlang begleitete mich dieses ›Phänomen‹, während ich hin und her schwamm. Wasservögel? Möwen? Für mich graue Kleckse – bis sie näher- und näherkamen. Neugierige Seehunde! Ich blieb ganz still, ein schöner Moment. Der sich inzwischen ein paar Mal wiederholt hat, ohne an Intensität zu verlieren.

Praktische Pilze

Die *fietsknooppunten* – sie sehen aus wie *paddestoelen,* also Pilze – sind Radwegweiser und finden sich auf ganz Texel (Karte beim VVV in Den Burg).

47 Meter über Normalnull

Es ist wie mit dem Kölner Dom: Solange der Leuchtturm steht, ist es gut. Man kann auch raufklettern und nach gleich drei Seiten aufs Meer schauen (► S. 78) – bis Vlieland.

Ich liebe das Meer. Okay, es zieht sich jeden Tag bei Ebbe zweimal zurück, aber ich kann ihm nachlaufen. Ich will es sehen, riechen, schmecken, Tag für Tag. Und wenn der Wind zu stark ist, finden Sie mich im Strandpavillon – mit Blick aufs Meer. Eine geniale Erfindung!

Fragen? Erfahrungen? Ideen?

Ich freue mich auf Post.

Mein Postfach bei DuMont:
s.voeller@dumontreise.de

Das ist Texel

»Nie bin ich glücklicher als bei der Hinfahrt mit dem Boot«, ließ uns schon Ende des 19. Jh. der Naturforscher Jac. P. Thijsse auf dem Weg nach Texel wissen. Daran hat sich bis heute nichts geändert: Sobald man die Fähre nach Texel besteigt und das Wattenmeer durchquert, ist Urlaub. Punkt! Endgültig vergessen ist der alltägliche Kleinkram, wenn sich bereits nach kurzer Zeit die schier endlose Sandfläche von De Hors am Horizont abzeichnet. Thijsse übrigens wollte ursprünglich gar nicht nach Texel. Als junger Lehrer war er hierher ›strafversetzt‹ worden – so jedenfalls empfand er es. Doch aus der Verbannung auf die Watteninsel sollte eine Liebe fürs Leben werden.

»Die Niederlande im Kleinen«

Schuld daran war die Natur auf Texel. Sie hatte es dem jungen Thijsse, einem der bedeutendsten Botaniker der Niederlande, angetan. Er war beeindruckt von der Vielzahl der Vögel und Pflanzen auf der Insel. Und tatsächlich: Die Flora der Niederlande ist nirgends reicher als auf Texel. Kein Wunder, reihen sich doch von Norden nach Süden die unterschiedlichsten Biotope aneinander: Meer und Strand, trockene Dünen und nasse Dünentäler, Heide, Kiefern- und Laubwälder, niedrig gelegene nasse und höher gelegene trockene Polder, Groden, Salzwiesen und Watt. Kein Wunder, dass Texel als »die Niederlande im Kleinen« gilt – schließlich sind hier alle Landschaftsformen des Landes vertreten. Bis heute ist die Natur das Kapital der Insel, der Magnet, der die Menschen wieder und wieder anzieht.

Gimme five!

Watteninseln zählt man insgesamt übrigens fast 50; fünf nennen die Niederlande ihr Eigen. Von West nach Ost sind das: Texel, Vlieland, Terschelling, Ameland und Schiermonnikoog. Texel ist 25 km lang und maximal 8 km breit und der mit Abstand größte der fünf *waddendiamanten,* wie die Inseln werbewirksam vermarktet werden. Das europäische Wattengebiet ist aber wesentlich größer und erstreckt sich vom dänischen Esbjerg über Deutschland bis in die Niederlande. Seit 1986 steht dieses einzigartige Gebiet komplett unter Naturschutz, seit 2009 trägt es den Titel ›Weltnaturerbe‹ und steht auf der UNESCO-Liste des ›Welterbes der Menschheit‹. Wegen seines Nahrungsreichtums ist das Wattenmeer eine unentbehrliche Rast- und Brutstätte für Hunderte von Vogelarten. Zehn bis zwölf Millionen Zugvögel nutzen den Naturraum jährlich. Stolz spricht man von einer »Kinderstube« für Vögel, Fische und Seehunde.

Wollknäuel fast unter sich ...

›Tessel‹, wie die Niederländer es aussprechen, ist die am schnellsten zu erreichende und am meisten besuchte niederländische Watteninsel.
Die Palette an Aktivitäten scheint hier sommers wie winters groß. Dem Neuankömmling jedoch präsentiert sich die Insel erst einmal ländlich. Die Fahrt zu einem der sieben Orte führt vorbei an Wiesen und Maisfeldern,

Ein Traum ist die Stimmung am Strand – bloß nicht wach werden!

Äckern und Blumenfeldern, die im Frühjahr in Gelb, Lila, Rot und Weiß zu explodieren scheinen. Auf sattem Grün tummeln sich Schafe, Schafe und nochmals Schafe. Auch auf den Deichen trifft man auf die Wollknäuel – mehr als 14 000 Schafe, zu denen sich im Frühjahr etwa 22 000 Lämmer gesellen. Einwohner zählt die Insel etwa 13 500.

Die Zukunft ist grün

Der Tourismus nahm auf Texel bereits nach dem Zweiten Weltkrieg erheblich zu. Den Bedürfnissen der Gästen wurde seither stets Rechnung getragen, der Natur indes kaum. Doch seit den 1990er-Jahren fand ein massives Umdenken statt. Große Feucht- und Dünengebiete werden geschützt, einige darf man nicht mehr bzw. nur noch geführt betreten, andere nur zu bestimmten Zeiten. Auf der Westseite der Insel sind breite Dünenketten unter dem Namen ›De Duinen van Texel‹ unter Naturschutz gestellt worden. Doch auch die Besucher haben längst begonnen umzudenken. Sie kommen nicht mehr nur, um an dem mehr als 30 km langen strahlendweißen Sandstrand zu ›braten‹ und um in die Wellen zu hüpfen. Sie kommen auch, um die erste Uferschnepfe des Jahres zu begrüßen, den Flug der Löffler zu betrachten, das Blütenmeer des Strandflieders zu genießen, dem hohen Ruf eines Austernfischers zu lauschen oder mit dem Rad dem Auf und Ab der Dünen zu folgen.

Eet smakelijk!

Zu den Gästen der Insel gehörte einst auch der französische Präsident Jacques Chirac. Er kam des Lammes wegen, das sich *pré-salé* (vorgesalzen) auf seinem Teller fand … Neben dem texelschen Lammfleisch ist die Liste der ausgezeichneten regionalen Produkte lang und reicht von Rindfleisch über Wattengarnelen und Austern, Queller und Strandastern bis zu Salzgemüse und -kartoffeln, Bier, Wodka und Gin. Wer hätte das gedacht?

Texel in Zahlen

5
bis 25 Gulden kostete 1907 ein Anteil an der TESO – jeder Einwohner, egal ob arm oder reich, sollte die Möglichkeit haben, an der Fährlinie teilzuhaben.

15
Minuten dauert ein Rundflug über die gesamte Insel ab dem Texel International Airport.

20
Minuten braucht man mit der Fähre nach Texel. Das reicht genau für eine Suppe im Bordrestaurant.

30
Prozent der Erde sind versalzen, Tendenz steigend. Auf Texel bemüht man sich um die Anzucht von salztoleranten Pflanzen wie Kartoffeln, Meerkohl und Salat.

30
Stundenkilometer wird ein Seehund schnell, wenn er nicht gerade ein Nickerchen macht. Was bis zu einer halben Stunde dauern kann – unter Wasser ...

60
bis 70 Prozent aller Schalentiere im Wattenmeer sind als Nahrung für Vögel reserviert – für die Fischer gelten strenge Auflagen.

225

Kilometer Wanderwege stehen Besuchern außerhalb der Brutzeit zur Verfügung, währenddessen immer noch 140 Kilometer.

250

Euro muss ein Strandräuber heute berappen, wenn er von den Strandwächtern erwischt wird.

300

Schiffswracks vermutet Gilles van Mil vom Museum Kaap Skil vor Texel.

350

Hektar sind in der Saison von blühenden Tulpen, Narzissen, Krokussen & Co. bedeckt. Eine Blumenzwiebel-Fahrradroute führt entlang der knallbunten Felder Texels.

1690

Sonnenstunden genießt Texel im Jahr und ist damit Spitzenreiter in den Niederlanden.

8500

Rebstöcke zählt Wijngaard De Kroon van Texel: Johanniter-, Solaris-, Riesel- und Regenttrauben. Es ist das nördlichste Weingut der Niederlande.

16 000

Liter Bier produzierte die Texelse Bierbrouwerij in ihrem Gründungsjahr 1999, heute sind es mehr als 16 000 Liter pro Tag.

22 000

Lämmer werden im Frühjahr auf Texel geboren. Die ›lammetjes‹ springen fröhlich über die Weide – nicht ahnend, dass sie bald ›pré-salé‹ im Kochtopf landen werden …

15

gewaltige Meter misst der höchste Berg Texels, der Hoge Berg.

So schmeckt Texel

Seit geraumer Zeit hat sich die Insel einen der ersten Plätze auf der kulinarischen Landkarte der Niederlande erkocht. ›Schuld‹ daran sind nicht zuletzt die ausgezeichneten regionalen Produkte Texels: angefangen bei allem, was das Meer ausspuckt, über Lamm- und Rindfleisch bis zu Kartoffeln, Spargel, Cranberries. Und bei Schafs- und Ziegenkäse, Buttermilch und Rahmeis nach traditionellem Rezept ist noch lange nicht Schluss.

›ECHT TEXELS PRODUKT‹

Fast jeder texelsche Bauernhof scheint sich spezialisiert zu haben, um sein Überleben zu garantieren: Wezenspyck (► S. 60) und De Waddel (► S. 26) auf Käse, De Hoge Kamp (► S. 37) auf Lammfleisch, Labora (► S. 86) auf Eis. Ein Fest für alle, die gerne essen. Infos: www.echttexelsprodukt.nl.

Wo, wann, was essen?
Vom noblen Feinschmeckerrestaurant über das hippe Bistro und das einfachere ›Eetcafé‹ bis zum entspannten Strandpavillon findet sich auf Texel für jeden Geldbeutel der richtige Tisch – von der Hausmannskost bis zum Michelinstern.
Viele Restaurants öffnen erst am Abend, doch in Den Burg und De Koog gibt es durchgehend warme Küche, in den Strandpavillons sowieso. Die Hauptmahlzeit der Niederländer ist traditionell das Dinner *(diner)*, mittags nimmt man in der Regel nur einen kleineren Lunch ein. Fast alle Restaurants bieten deshalb getrennte Karten für Lunch und für Dinner an. Lunchtime ist von zwölf bis 14 Uhr, die Küche hat auch in der Hochsaison abends selten länger als bis 21/22 Uhr geöffnet (ab 17/18 Uhr). Reservieren am Abend ist in den meisten Restaurants und inzwischen auch in vielen Strandpavillons Pflicht.

Wie teuer wird es?
In den Niederlanden geht es im Restaurant stets hochpreisiger zu als bei uns. Mittags speist man günstiger (12–18 €), abends steigen die Preise. Um die 35 bis 45 € sollte man für ein Menü (ohne Getränke) kalkulieren, im Spitzenrestaurant liegen die Preise bei 50–90 €. Beim sternbekrönten ›Bij Jef‹ schlägt das Sieben-Gänge-Menü mit 155 € zu Buche.

PREISKATEGORIEN IM BUCH

€ unter 20 Euro
€€ 20 bis 30 Euro
€€€ über 30 Euro
Preise für ein Hauptgericht

›Typisch Texels‹
Eine lange kulinarische Tradtion besitzt Texel nicht: Über Jahrhunderte stand Fisch, Fisch und nochmals Fisch auf dem Speisezettel. Dieser und andere Meeresfrüchte sind noch heute allgegenwärtig. Daneben setzt die Inselküche vor allem auf Lamm- und Rindfleisch. Wild dagegen spielt keine große Rolle; mitunter wird Dünenkaninchen *(duinkonijn)*, Fasan *(fazant)* und Ente *(eend)* serviert. Steht *stoofpotje* (Schmortopf) auf der Karte, unbedingt probieren! Einen hervorragenden Ruf genießen auch die Milchprodukte der Insel, allen voran die leckeren Käse.

Für den kleinen Hunger
Die Niederländer lieben *tussendoortjes*, ›Zwischendurchleins‹. Am beliebtesten sind *belegde broodjes* (belegte Brötchen), die es in zig Varianten gibt. Was auch immer geht, sind Pfannkuchen *(pannekoeken)*, mehr oder weniger spannend gefüllt, oder Pommes *(patat)*. Sehr beliebt sind auch allerlei frittierte Snacks, Burger und ab 17 Uhr zu Schnaps und Bier die *borrelgarnituur* (unterschiedliche Snacks).

Nicht nur für seine ausgezeichneten Kräuterliköre und -bitter ('t Juttertje, Kees Boontje, Tesselschade) ist die Insel bekannt, man produziert auch eigenes Bier, u. a. in der Texelse Bierbrouwerij. Immer mehr Bierbrauer kommen hinzu, und seit Kurzem ist auch inseleigener Wodka, Gin und Whisky im Verkauf!

AUSGEZEICHNET: DIE JUNGEN WILDEN

POI-Name
Gibt es sie eigentlich, die gute niederländische Küche? Stets hieß es: nein, doch das ist Schnee von gestern, zumindest auf Texel, wo die Köche aus dem Vollen schöpfen können. Ein Startschuss scheint mit der Vergabe des ersten (und bislang einzigen) Michelinsterns auf der Insel gefallen zu sein: Seit 2009 trägt Bij Jef in Den Hoorn (► S. 49) den Stern. Doch sie sind ihm auf den Fersen, die jungen Wilden: Neben eben jenem Jef (Platz 21) wurden auch die Topadressen Kook Atelier (► S. 105) aus Oost, Het Pakhuus aus Oudeschild (► S. 104) sowie BOSQ am Rand von De Dennen (► S. 53) in den niederländischen Restaurantführer »Lekker500« aufgenommen. Eine Michelin-Erwähnung haben sich außerdem auch Freya (► S. 31) und die Eilankeuken (► S. 31), beide in Den Burg, erkocht. Bei diesem kulinarischen Preisregen darf man sicher noch einiges erwarten.

Ihr Texel-Kompass

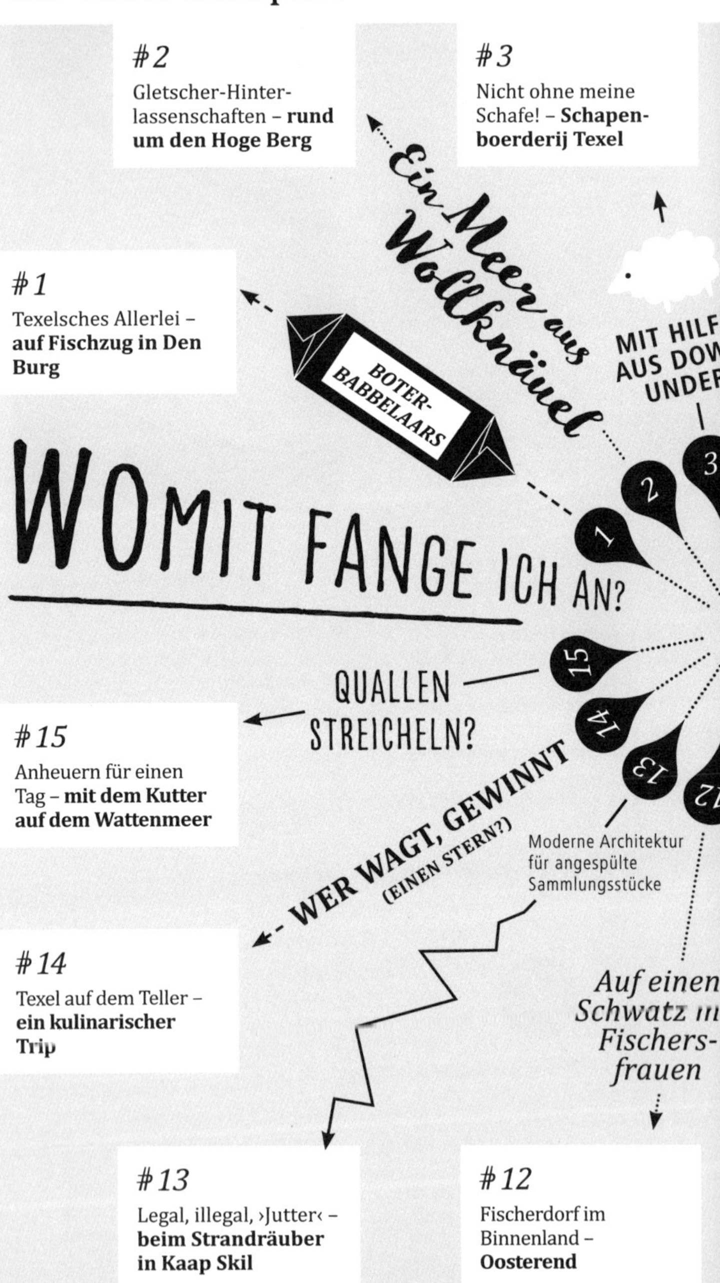

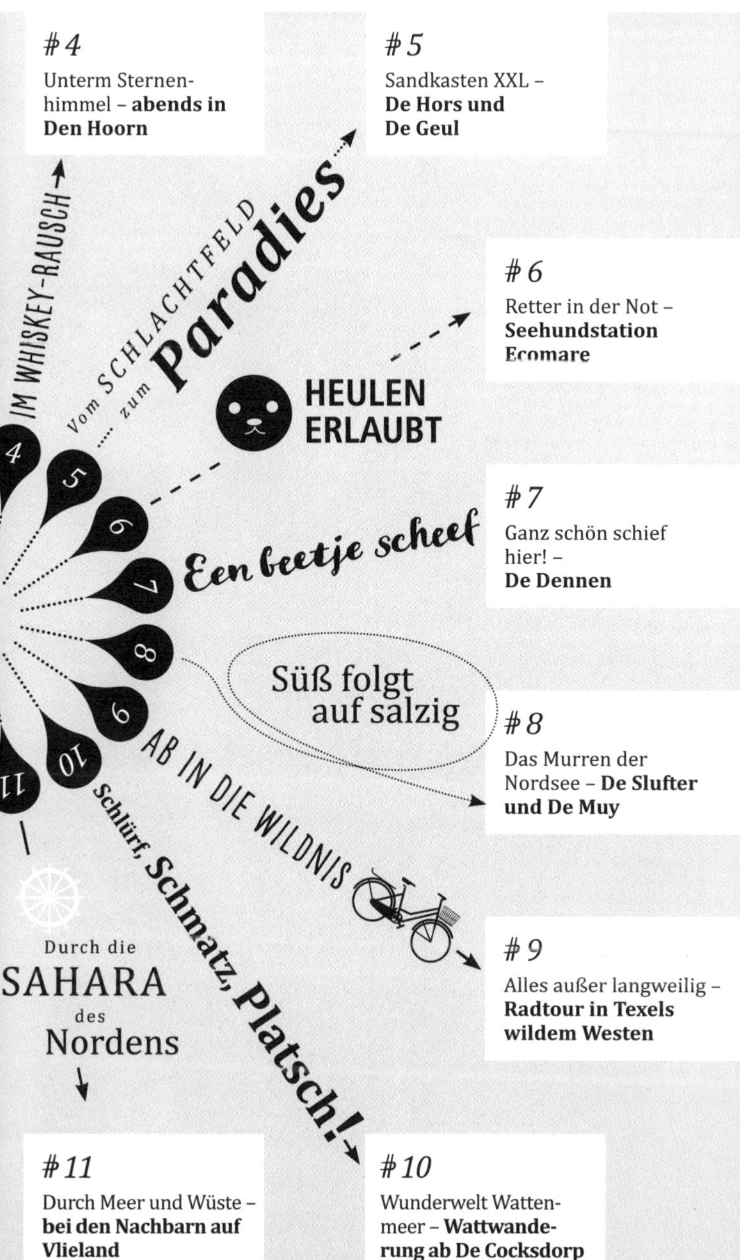

#4

Unterm Sternenhimmel – **abends in Den Hoorn**

#5

Sandkasten XXL – **De Hors und De Geul**

#6

Retter in der Not – **Seehundstation Ecomare**

#7

Ganz schön schief hier! – **De Dennen**

#8

Das Murren der Nordsee – **De Slufter und De Muy**

#9

Alles außer langweilig – **Radtour in Texels wildem Westen**

#11

Durch Meer und Wüste – **bei den Nachbarn auf Vlieland**

#10

Wunderwelt Wattenmeer – **Wattwanderung ab De Cocksdorp**

Den Burg und das Oude Land

Eine Insel, sieben Dörfer – und auch der Hauptort Den Burg ist nur ein Dorf. An sonnigen Tagen versprüht die Inselkapitale ein beinahe südländisches Flair: Trubel und Stimmengewirr auf allen Plätzen und in den schmalen Gassen, die Tische und Stühle der Cafés und Terrassen sind gut besucht. Gemächlich geht es zu, gemütlich, jeder kennt jeden. Vielleicht hat das Umland auf Den Burg abgefärbt? Denn im Oude Land, dem Alten Land von Texel, ist's arg beschaulich. Das hügelige Landschaftsschutzgebiet mit schmalen Pfaden und Hohlwegen, Zaunwällen und Schafscheunen ist eine Idylle – und der Hoge Berg mit seinen 15 Metern Höhe für texelsche Verhältnisse ganz schön gewaltig.

Den Burg

D/E 7/8, Cityplan S. 22

Den Burg ist der Hauptort der Insel. So weit, so gut. Doch was heißt das im Klartext? Ist es noch Dorf oder schon Stadt? Letzteres lässt sich eindeutig verneinen – Stadtrechte hat Den Burg keine. Und doch ist der mit Abstand größte Ort der Insel Texel Verwaltungs- und Schul-, Shopping- und Ausgehzentrum. Städtische Allüren sind ihm nicht fremd, und dennoch: Die freundliche, gemütliche Inselkapitale mit ihren gut 7000 Einwohnern ist und bleibt ein Dorf. Zum Glück!

Schutt und Asche

Der Charme des Ortes erschließt sich nicht sofort. Den Burg hat etwas von einer Zwiebel: Trägt man Schale um Schale ab, kommt man zum schönen (Dorf-) Kern. Im Zweiten Weltkrieg wurde dem Ort übel mitgespielt, ganze Häuserzeilen wurden verwüstet, und beim Wiederaufbau bewiesen die Inselväter häufig kein glückliches Händchen. Aber noch immer gibt es im Ortskern Gassen mit liebevoll dekorierten Giebelhäusern, die schon ein paar Jahrhunderte auf dem Buckel haben.

WAS TUN IN DEN BURG?

Durch den Hintereingang

Achterom betreten wir das Dorf, was so viel wie ›hintenrum‹ bedeutet – ein Name, der gut zu der schmalen, verschwiegenen Gasse passt. Schnell ist die **Weverstraat** erreicht, die Straße der Weber und heute eine der Einkaufsstraßen Den Burgs. Bunt mischen sich hier die Läden (wie übrigens im ganzen Ort): von Filialen großer Ketten bis zu hübschen kleinen Spezialläden. Sehr charmant ist auch der idyllische, kopfsteingepflasterte und bunt bepflanzte **Innenhof** 1 etwas weiter, den schmucke weiße Häuschen umstehen – eines der Postkartenmotive des Dorfs.

SEITENWEGE & PFÄHLE

Auf Texel sind alle Seitenwege *(zijwegen)* durchnummeriert. Sie zweigen vom Pontweg ab, der an der Fähre beginnt. Die Strände tragen keine Namen, sondern sind entsprechend der Markierungen der Rijkswaterstaat-Behörde nach Pfählen *(paal/palen)* von Süden nach Norden durchnummeriert. Auch die Strandpavillons sind oft nach den Pfählen benannt.

Nase hoch!

In der Weverstraat und den anderen Straßen im Zentrum heißt es: Kopf heben und nach oben schauen. Immer mal wieder sticht aus der Bebauung ein schöner (Treppen-)Giebel oder Giebelstein hervor. So auch bei der **Oudheidkamer** 2 in der Kogerstraat 1, wo am ältesten Haus der Insel (1599) das Wappen von Texel den *gevelsteen* ziert: zwei Löwen, die auf einem umgekehrten Anker stehen. Das einstige Armenhaus (der Spruch über der Tür erinnert noch an diese Zeit) lag außerhalb der ehemaligen Burggracht und war nur über eine Zugbrücke zu erreichen. Hier brachte man mittellose Menschen unter, die außerhalb des Zentrums bleiben sollten, um so Krankheiten vom Dorf fernzuhalten. Die Gracht übrigens soll 30 m breit gewesen sein; sie umgab den kreisförmigen Burgwall, der sich bis heute im Straßenbild ablesen lässt. Im Ex-Armenhaus ist heute das Heimatmuseum der Insel untergebracht (► S. 23).

Mein Freund der Baum

Eine mächtige Kastanie aus dem Jahr 1812 (!) beschirmt den neugestalteten **Stenenplaats,** den ältesten Platz Den Burgs, was ihn noch gemütlicher macht. Der große Platz versprüht in den wärmeren Jahreszeiten ein fast südländisches Flair, denn dann gleicht er einer einzigen Caféterrasse. Diese

Überbleibsel aus alten Zeiten in der Waalderstraat. Während die restlichen Niederlande schon befreit waren, wurde auf Texel noch bis zum 20. Mai 1945 gekämpft. Dem Bombardement von Den Burg fielen ganze Straßenzüge zum Opfer.

Atmosphäre versuchen die Restaurants **De Kastanjeboom** 1 und **Gastropub Mans** 2 mit Heizpilzen in den Winter zu retten. Am Kastanienbaum vorbei ist die Gasse **Binnenburg** erreicht, eine der ›Shoppingmeilen‹ Den Burgs. Am **Haus Binnenburg Nr. 15** 3 erinnert einer der Giebelsteine an die alte Schreibweise des Inselnamens: ›Tessel‹.

Kreisrund

In der Binnenburg liegt auch die protestantische Kirche, die den historischen Ortskern dominiert. Die **Burghtkerk** 4 entstand von 1470 bis 1481 auf den Fundamenten eines romanischen Vorgängerbaus. Seit mehr als 500 Jahren misst übrigens das alte Uhrwerk die Zeit, vor nicht allzu langer Zeit restauriert und

Texelsches Allerlei – auf Fischzug in Den Burg

Den Burg beweist: Einkaufen – oder ›winkelen‹, wie es hier heißt – kann auch Spaß machen. Im Hauptort der Insel gibt es fast alles und das in guter Qualität und in netten Ladenlokalen. Regional ist hier wichtig, das entdeckt schnell, wer in den gemütlichen Straßen des Dorfs unterwegs ist. Und was auf der Insel produziert wird, und das ist einiges, trägt oft das Etikett der registrierten Handelsmarke ›Echt Texels Produkt‹.

▶ INFOS

Wissenswertes rund um die ›echten texelschen Produkte‹ auf: www.echttexelsprodukt.nl.

Hätte Cleopatra gewusst, wie sanft Schafsmilch zur Haut ist, sie hätte auch darin gebadet. Die Texelaars wissen die Milch des Texelschafs schon seit Jahrhunderten zu schätzen und nutzen sie als Badezusatz oder als Körperlotion. Die ist so sanft und weich – fast möchte man ein Schlückchen nehmen …

Das Dorf ist so kompakt, dass man alles erlaufen kann. Das Angebot ist bunt: Filialen großer Ketten wie Hema oder der Drogeriemarkt Etos wechseln sich mit kleinen Spezialläden und mehr oder minder kitschigen Souvenirshops ab. Besonders nett dabei: Immer wieder lädt ein Café, eine Kneipe, ein Restaurant zum Reinhocken ein.

Süße Plaudertaschen

Der Start an der Weverstraat ist süß. Bei **De Notenstolp** 1 wartet Leckeres fürs Ferienhaus oder für daheim: Nüsse und kandierte Südfrüchte, aber auch Kaffee, Tee, Käse. Und altholländische Süßigkeiten wie die *boterbabbelaars,* Butterbonbons oder wörtlich: ›buttrige Plaudertaschen‹. Die sind auch im Süßigkeitenladen **Inde Soete Suyckerbol** 2 zu haben, wo die Zeit stehen geblieben scheint: Nostalgie pur bis zur alten Waage und den dreieckigen Papiertütchen, in die die lose Ware abgefüllt wird, Süßkram, Tee, Kaffee. Ans Eingemachte, pardon: dem Schaf an die Wolle geht es bei **Texelana** 3. Egal ob Handschuhe, Pantoffeln oder Bettdecken – hier ist gute texelsche Schafwolle verarbeitet.

Strandgeschichten

Knallbunt wird's beim **Texel Vliegerhuis** 4. Hier hat wohl fast jeder Inselgast schon mal einen Drachen gekauft. Einen? Oder auch zwei, drei. Karim berät Anfänger und Fortgeschrittene gleich fachmännisch. Und wer sich beim Kauf immer noch nicht

Bunt, bunter, am buntesten ist die Auslage im Süßigkeitenlädchen Inde Soete Suyckerbol. Alleine die Namen des Süßkrams sind schon eine Versuchung: Sirupsoldaten, Haferstroh, Blitze, Polkabrocken …

sicher ist oder einfach mal einen Drachen ausprobieren will: Dienstagabends in der Hauptsaison bietet sich dazu am Strand bei **Paal17** die Möglichkeit. 350 Modelle sind dann am Start, darunter Karims Eigenmarke, der fast ›unkaputtbare‹ Texel Glider!

Bier, texelsche Kräuterbrände und -liköre hat gegenüber **Slijterij De Wit** 5 in der Auslage. Die Favoriten sind zwei Kräuterbitter, das Juttertje (dt.: Strandräuberchen) aus 14 Kräutern und Kees Boontje. Um den sich eine hübsche Geschichte rankt: Vor mehr als 100 Jahren rettete Strandräuber Kees Boon aus Den Hoorn einem schwedischen Schiffbrüchigen das Leben. Aus Dankbarkeit verriet ihm dieser das Rezept für das Lebenselixier.

Küchenklassiker

Erste Ermüdungserscheinungen? Nicht schlimm, die Lokaldichte ist hier hoch. Nur wenige Meter voneinander entfernt empfehlen sich zwei gegensätzliche Restaurants: **De Twaalf Balcken** 3, ein traditionelles braunes (Eet-)Café mit Fisch und Lamm vom Jospergrill, und das erste vegane Restaurant der Insel **WitLof Foodbar & Hangout** 4. Übrigens: Der Biersommelier der Taveerne De Twaalf Balcken versteht sein Handwerk, also besser später noch mal vorbeikommen, sonst war's das wohl mit dem Einkauf … Für den kleineren Hunger empfiehlt sich das **Viscenter Waddenzee** 5 mit u.a. leckerem *kibbeling,* im Backteig frittierten Kabeljaustückchen, ein holländischer Küchenklassiker. Dazu eine der leckeren Saucen – perfekt!

LECKER SOLL ES SEIN!

Dieses Motto passt auf die drei Restaurants und den Fischimbiss. *Eet smakelijk!*, wie der Niederländer sagt, bei: **Taveerne De Twaalf Balcken** 3 (► S. 29), **WitLof Foodbar & Hangout** 4 (► S. 30), **Viscenter Waddenzee** 5 (► S. 30) und **De Coninck van Poolen** 6 (► S. 30).

Schaf sei dank!

Einen Steinwurf entfernt wartet bei **Kees de Wal** 6 ein Sammelsurium von teils ausgefallenen Wohnaccessoires: von Treibholzkunst über Lampen und Großformatbilder bis zum Schneidebrett mit Schaf für die Küche. Mit Schafen geht es schräg gegenüber bei **Saszies Wolwinkel** 7 weiter. Saskia verkauft neben einem ausgezeichnet sortierten Wollsortiment auch Schaffelle der texelschen Firma Van Buren sowie Handschuhe, Schals, Mützen, Hausschuhe und noch so allerlei aus Schafwolle. Auch die Schafwollcremes für Hand, Fuß und Gesicht von De Noordkroon (▶ S. 31) und Kuschelschafe in allen Größen hat sie im Angebot.

Wer noch nicht eingekehrt ist, dem sei nun der **Coninck van Poolen** 6 empfohlen, allerdings mit der Warnung, dass es am Ende des Spaziergangs noch einmal zuckersüß wird. Also vielleicht nur eine Suppe, eine (kleine) Bouillabaisse oder einen Eintopf probieren, dann passt später noch was Süßes rein.

Schokolade ist gesund

Zuckersüß bleibt das Thema auch im **Lant van Texsel** 8 – oder sagen wir besser: fröhlich. Vom kunterbunten Emaille- oder Melamingeschirr über Ansichtskarten und Poster bis zum romantischen Essservice – der Laden ist immer wieder für eine Überraschung gut. Schön bunt präsentiert sich auch **Tomahawk boots and more** 9 direkt gegenüber: mit Kleidern von ungewöhnlichen Brands wie King Louie, Tante Betsy oder HalsOverKop.

»Gek op lekkere chocolade« seien sie gewesen, erzählen die drei Smidts, die mit viel Freude und Erfolg die **Chocolaterie Smidt** 10 betreiben. Das versteht auch, wer des Niederländischen nicht mächtig ist. Sie waren nicht nur doll auf Schokolade, sondern auch voller Fantasie. Zur Kakaomasse geben sie texelsche Schafsmilch und noch so allerlei, etwa Sanddorngelee mit TX Gin (▶ S. 105). Probieren lohnt sich unbedingt! Ebenso wie bei **De Texelse Chocolaterie** 11, die einem ebenfalls arg gefährlich werden kann. In den Workshops lernt man, selbst Pralinen zu machen und dass Schokolade gesund ist. Na, wer sagt's denn! Darauf ein Jutter-Praliné.

INFOS/ÖFFNUNGSZEITEN

Die **Kernöffnungszeiten** sind: Mo–Sa 10–17 Uhr, Abweichungen ▶ unten

De Notenstolp 1: Weverstraat 74

Inde Soete Syuckerbol 2: Weverstraat 33

Texelana 3: Weverstraat 38, www.texelana.nl

Texel Vliegerhuis 4: Weverstraat 17 www.texelvliegerhuis.nl

Slijterij De Wit 5: Weverstraat 18, www.jandewit-texel.nl

Kees de Waal 6: Binnenburg 23, www.keesdewal.nl

Saszies Wolwinkel 7: Weverstraat 8, www.saszies.nl, Fr geschl.

't Lant van Texsel 8: Waalderstraat 23, www.winkeloptexel.nl, Di geschl.

Tomahawk boots and more 9: Waalderstraat 24, tomahawk.business.site, Di geschl.

Chocolaterie Smidt 10: Waalderstraat 25, chocolaterie-smidt.nl, Mo (nachmittags) nur in den Ferien, Di geschl.

De Texelse Chocolaterie 11: Spinbaan 1 A, www.detexelsechocolaterie.nl/de

unbedingt einen Blick wert. Wer den Turm des stattlichen roten Backsteinbaus erklimmt, bekommt dafür viel Aussicht (Binnenburg 2, Turmbesteigung Ende März–Ende Okt. Mo, Mi, Sa 10–16 Uhr). Auch der ringförmige Aufbau Den Burgs ist von hier oben gut zu erkennen. 1451, kurz vor dem Bau der Kirche, erhielt die Insel Stadtrechte. Im Zentrum, dem inneren Burgwall, wohnten damals die Bessergestellten: Lehrer, Kaufleute, Handwerker, der Pfarrer. Der Blick fällt von oben auf ein idyllisches Straßengeflecht mit vielen Hals-, Treppen- und Leistengiebeln in **Warmoes-, Graven-** und **Zwanenstraat** sowie zur anderen Seite auf den großzügigen **Park Het Wezentuin,** den ehemaligen Kloster- und späteren Waisenhausgarten.

Ausradiert

Einen modernen Akzent setzt **Het Glazen Paleis** 5 in den kleinen Park, dessen Bänke gerne für die Mittagspause genutzt werden, und ins Stadtbild. Einst stand hier ein Musikpavillon, und der gläserne Pavillon soll diese Tradition fortsetzen (Burgwal 43, glazenpaleistexel.nl). Das alte Waisenhaus gegenüber vom Park fiel dem Aufstand der Georgier (▸ S. 4) im Zweiten Weltkrieg ebenso zum Opfer wie viele andere Gebäude in der Parkstraat, die nicht wieder aufgebaut wurden. Auch Burghtkerk und **Rooms-Katholieke Kerk** 6 wurden schwer beschädigt. Die römisch-katholische Kirche erhielt bei ihrer Restaurierung 1947 ein farbenfrohes Bleiglasfenster – gestiftet aus Dankbarkeit über die Rückkehr der im Krieg von der Insel verschleppten Männer (Molenstraat 34, tgl. geöffnet).

Schaf-Spektakel

Gegenüber vom auffälligen **Polderhuis** 7 (1918; heute mit nettem B&B, polderhuistexel.nl), das mit klaren Linien und schlichten Baumaterialien auf die Neue Haager Schule zurückgeht, hat sich seit Kurzem **Texelse Branding** mit Rösterei, Shop und Koffiebar installiert (texelsebranding.nl). Mit **Groeneplaats** und **Vismarkt** ist der Schauplatz des montäglichen **Wochenmarkts** 12 erreicht. Bis 1975 fanden hier große Lämmermärkte statt und noch heute kann, wer will, diesem inzwischen sehr touristischen Spektakel einmal im Jahr beiwohnen, nämlich am ersten Montag im September. Wer die Ruhe liebt, sollte dem Dorf an diesem Tag jedoch fernbleiben. Das geduckte Gebäude am Rand vom Vismarkt diente einst als **Waaggebouw** 8, als öffentliche Waage. Je nach Gewicht der Waren wurden die zu zahlenden Steuern festgelegt. Am Markttag macht der ›Fischmarkt‹ seinem Namen übrigens immer noch alle Ehre: Dann fährt ein **Fischwagen** vor, packt Stehtische aus und verkauft *kibbeling* (grob gewürfeltes paniertes und frittiertes Fischfielt) und *lekkerbek* (wörtl.: Leckermaul; Backfisch) auf die Hand. Außerdem gibt's besten Frischfisch und Meeresfrüchte (lecker: die Garnelen) für daheim.

Aufgeknüpft und ausgestellt

Das aufwendig verzierte Portal hinter der Waage schmückt das ehemalige **Schoutenhuys** 9 aus dem Jahr 1652. Bis Mitte des 19. Jh. hielten im alten Rathaus Schulzen, Schöffen und der Bürgermeister den Rat ab und sprachen Recht, woran die schwarze Kette am Giebel erinnert: Sie hing einst am Schandpfahl, an dem Verurteilte gefesselt und öffentlich vorgeführt wurden. Heute geht es im Schoutenhuys weit weniger ernst zu und anstelle der Schulzen tafeln hier die Gäste des Traditionshotels **De Lindeboom** 1. Wer einkehrt, trifft im Schulzensaal des Hotels auf die vom Amsterdamer Künstler Andries Warmoes überbordend verzierte Spanische Wand von 1787. Und wer in der Kellerbar ein Glas trinkt, muss wissen, dass hier einst arme Seelen im Kerker schmachteten. Zuletzt war es ein deutscher Viehdieb, der 1780 ein Schaf gestohlen hatte. Er wurde nicht nur auf dem Vismarkt aufgeknüpft, sondern seine Leiche auch noch auf dem Hoge Berg zur Abschreckung aufgehängt, was ihm zu diesem Zeitpunkt egal gewesen sein dürfte.

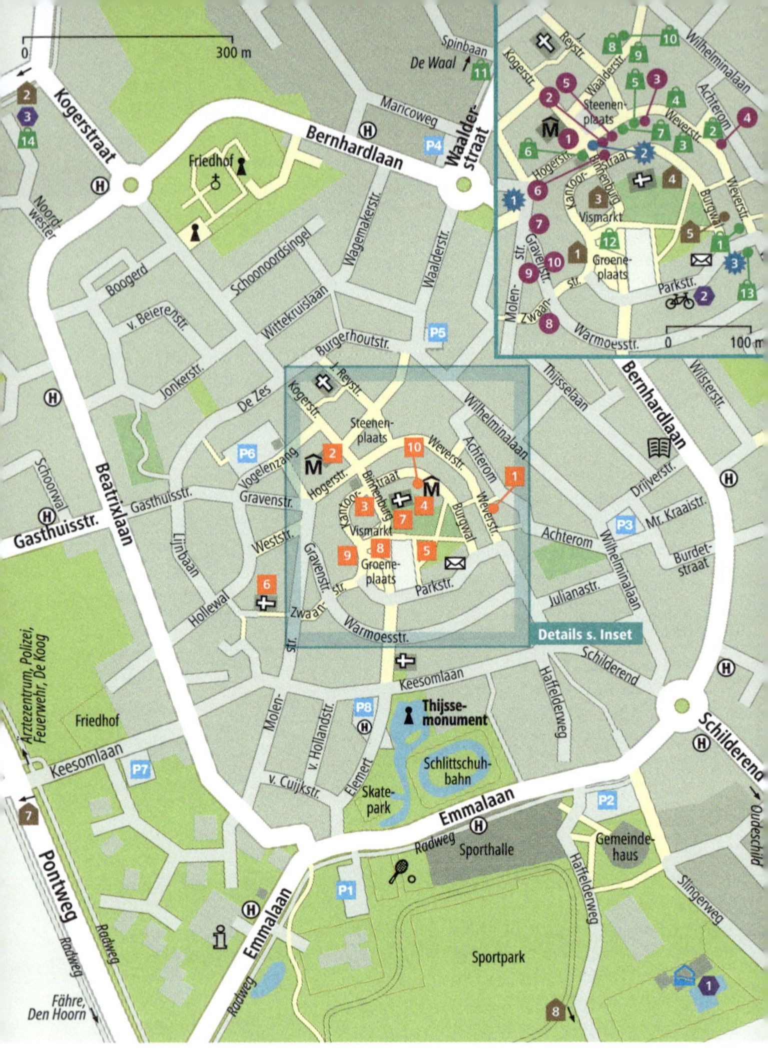

Von wegen Kriegsparadies

Das **Hotel De Lindeboom** 1 war unter seinem damaligen Namen Hotel De Texel übrigens einer der Hauptkriegsschauplätze des Jahres 1945 auf der Insel. Texel war bislang im Zweiten Weltkrieg von schweren Kriegshandlungen verschont geblieben, weder die SS noch die ›Grüne Polizei‹ waren auf der Insel stationiert, mit den deutschen Besatzern hatte man sich mehr oder weniger arrangiert. Der Widerstand auf der Insel übte sich in kleinen oder größeren Sabotageakten – kurz: Alle warteten auf das Kriegsende. Bis am 6. April der Aufstand der auf Texel stationierten Georgier losbrach, die u. a. das Hotel De Texel unter Beschuss nahmen. Hier waren Offiziere der Wehrmacht untergebracht, die man gefangennahm und ohne Prozess umbrachte (▶ S. 4).

Bewegte Bilder

Um die Ecke vom Markt besitzt Texel ein eigenes Lichtspielhaus, was gut zum städtischen Gehabe Den Burgs passt. Den Giebelstein am Treppengiebel des

Sehenswert
1 Hof an der Weverstraat
2 Oudheidkamer mit Kräutergarten
3 Haus Binnenburg Nr. 15
4 Burghtkerk
5 Het Glazen Paleis
6 Rooms-Katholieke Kerk
7 Polderhuis
8 Waaggebouw
9 Schoutenhuys
10 Museum Galerie RAT

In fremden Betten
1 Hotel De Lindeboom
2 Hotel De 14 Sterren
3 Hotel De Smulpot
4 De Museumkamer
5 B&B De Etalage an de Burgwal
6 SO HUM
7 Tenthuis Den Burg
8 Stayokay Texel (Jugendherberge)

Satt & glücklich
1 De Kastanjeboom
2 Gastropub Mans
3 Taveerne De Twaalf Balcken
4 WitLof Foodbar & Hangout
5 Viscenter Waddenzee
6 De Coninck van Poolen
7 Lokaal 16
8 LvY Indonesia
9 Eilandkeuken Texel
10 Freya le Bistro

Stöbern & entdecken
1 De Notenstolp
2 Inde Soete Suykerbol
3 Texelana
4 Texel Vliegerhuis
5 Slijterij De Wit
6 Kees de Wal
7 Saszies Wolwinkel
8 't Lant van Texsel
9 Tomahawk boots and more
10 Chocolaterie Smidt
11 De Texelse Chocolaterie
12 Wochenmarkt
13 Nauta Boek
14 De Kroon van Texel

Wenn die Nacht beginnt
1 Cinema Texel
2 Café Mans
3 Café De Slock

Sport & Aktivitäten
1 Zwembad Molenkoog
2 Van der Linde Fietsen
3 Circuitpark Karting

Cinema Texel 1 ziert ein goldener Frosch. Warum das so ist? Einst war hier eine Herberge eben dieses Namens untergebracht: De Vergulde Kikkert.

Gravenstraat 33, www.cinematexel.nl, Programm vom Blockbuster bis zum Arthousefilm, Filme im Original mit Untertiteln, ca. in der Filmhälfte eine Pause, mit Eetcafé und Terrasse

LOHNEN SICH: MUSEUM & GALERIE

Fernbeziehung
In Zeiten von Skype, Facebook & Co. kaum vorstellbar: Ein Jahr und länger konnten die Briefe früher unterwegs sein, die die Frauen ihren Männern auf See schrieben und umgekehrt. Die Briefe von Aagje aus dem 18. Jh., die neben anderen Exponaten im heutigen Heimatmuseum in der **Oudheidkamer** 2 zu sehen sind, erzählen aus diesen Zeiten. Sie sind eine absolute Rarität, auch weil Frauen damals so gut wie nie schreiben lernten. Doch Aagje war fleißig: Wann immer ein Schiff die Reede von Texel verließ, gab sie der Besatzung einen Brief an ihren Mann Harmanus mit, der unterwegs nach Afrika, Indien oder China war. Dieses kostbare Schriftstück ging dann von Schiff zu Schiff, von Hand zu Hand weiter, bis es irgendwann an den Adressaten gelangte. Oder es wurde etwa in Südafrika in einem ›Briefkasten‹ deponiert, den die vorbeikommenden Seeleute sehnsüchtig auf Post von ihren Liebsten checkten. Auch die übrigen Ausstellungsstücke versetzen die Besucher ins 19. Jh. Das sehr schöne Giebelhaus selbst stammt übrigens aus dem Jahr 1599. Es gilt als eines der ältesten der Insel und steht mit 63 weiteren Häusern Den Burgs auf der Denkmalschutzliste.

Mythen im Museumsgarten
Besonders nett ist der Besuch im kleinsten (!) **Kräutergarten** der Niederlande, zumindest dem kleinsten öffentlich zugänglichen. Aufgepasst: Hier findet sich u. a. die Alraune, ein ›Zauberkraut‹, das nicht nur Harry-Potter-Fans geläufig sein dürfte. Im Buch heißt es, der Schrei der Al-

Gletscher-Hinterlassenschaften – **rund um den Hoge Berg**

Höhe ist relativ. Deshalb besitzt Texel einen Berg, den Hoge Berg, 15 m hoch zwar nur, doch hat man von hier einen super Blick auf eines der schönsten Gebiete der Insel: das Landschaftsschutzgebiet Het Oude Land – mit Georgierfriedhof und napoleonischem Fort, mit Zaunwällen und Hohlwegen, Schafscheunen und Tausenden weidenden Wollknäueln, von denen es auf der Insel mehr gibt als Einwohner.

Im Oude Land gut behütet unterwegs sein: Die Markierungen der Wanderrouten machen es möglich. Der Noord-Hollandpad startet auf Texel und führt auf 284 km bis in den Süden der Niederlande; beim Waddenwandelen läuft man 1200 km durch das Wattengebiet. Keine Angst, es gibt auch kürzere Touren.

Der Hoge Berg, einer der ältesten Inselteile, ist in der letzten Eiszeit entstanden, als riesige Gletscher Unmengen an Lehm, Kies und Ton aufeinanderstapelten. In diesem beschaulichen Landstrich ist alles vertreten, was früher typisch für die Insel war, im Zuge der Flurbereinigung jedoch immer mehr verloren ging.

Postkartenidyllisch ...

Die Felder sind eingerahmt von Zaunwällen, *tuinwallen*. Schafscheunen und pyramidenförmige Gehöfte sind hübsch über die Landschaft verteilt. Friedlich grasende Schafe beherrschen das Bild. Schafscheunen und Wälle haben ihren Ursprung im 17. Jh., einer Zeit, in der die Felder weit von den Höfen entfernt lagen, Lagerraum für Futter und Geräte benötigt wurde und die zerstückelten Parzellen umzäunt werden mussten. Die für die texelsche Landschaft charakteristischen *schapenboeten* (▶ S. 40) dienen übrigens bis heute nicht als Schafställe, sondern immer noch als Vorrats- und Lagerraum. Texels Schafe gelten als wind- und wetterfest. Die Zaunwälle, eine texelsche Besonderheit aus aufeinandergestapelten Grassoden, entstanden, weil rund um den Hoge Berg (anders als im Norden der Insel) keine Begrenzungsgräben gezogen werden konnten und es für Zäune auf der Insel kein Holz gab. Zwischen den *tuinwallen,* auf denen kreuz und quer Blumen, Gräser und Sträucher sprießen und in denen es sich Wildbienen, Schmetterlinge und Vögel bequem gemacht haben, ziehen sich unbefestigte Hohlwege quer durch die Landschaft.

Rosen und Kanonen

Über einen Sandweg und vorbei an einer **Schafscheune** 1 ist schnell der **Georgierfriedhof Loladze** 2 erreicht. Hier liegen viele der 565 georgischen Soldaten, Kriegsgefangene der Nationalsozialisten, begraben, die während ihres Aufstandes gegen die deutschen Besatzungstruppen im Frühjahr 1945 getötet wurden (▶ S. 4). Zum Gedenken an jeden Toten ist ein Rosenstrauch gepflanzt; die georgische Flagge, rote Kreuze auf weißem Grund, scheint farblich darauf abgestimmt zu sein.

Kurz vor dem Deich liegt rechts die imposante, komplett renovierte Festung **De Schans** 3. Sie wurde 1572 im Achtzigjährigen Krieg auf Initiative von Willem van Oranje zum Schutz der texelschen Reede vor den Spaniern errichtet. 1811 stattete ihr Napoleon einen Besuch ab und ließ sie vergrößern. Von allen drei texelschen Festungen – die nie zum Einsatz kamen – blieb nur De Schans teilweise erhalten. Die Kanone, auf der heute Kinder spielen und Selfies gemacht werden, erinnert daran, dass es auch anders hätte kommen können …

Wasser vom Waisenhaus

Weiter geht es nun nach links zum Weg 't Buurtje und zum Skillepaadje. Ihn kreuzt später der **Skilsloot** 4, ein schmaler Kanal, der während der Blütezeit der Seefahrt ausgehoben wurde, damit Boote vom Wattenmeer zu den Brunnen beim Landsitz Brakestein schippern konnten. Hier nahmen sie Fässer mit Trinkwasser an Bord, womit sie die vor Oudeschild ankernden Schiffe versorgten. Das Wasser war wohl eisenhaltig, weshalb es auf Seereisen länger frisch blieb. Die Einkünfte aus dem Wasserverkauf flossen ans Waisenheim in Den Burg, weshalb die Quellen Waisenbrunnen, **Wezenputten** 5, genannt wurden. Reste der Anlage liegen gegenüber vom **Buitenplaats Brakestein,** in dem einst die VOC-Generäle logierten.

Buddelnde Kinder und Bienen

Kurz vor den Quellen liegt zur Linken der **Bauernpfad Brakestein** 6, der an verbreiterten Gräben

Kein Picknick eingepackt und doch Appetit? Dann genießen Sie im **Voedselbos Texel** 2 auf der Sonnenterrasse oder bei schlechtem Wetter im Gewächshaus Smoothies, Obsttorten, Minztee oder Fruchteis – fast alles von Familie Boersen aus eigenen Früchten selbst gemacht. Im Pflückgarten der Familie kann, wer mag, auch selbst loslegen: Beeren und Blumen aus nachhaltigem Anbau warten. Und wer doch zu faul ist, besucht einfach den Hofladen. *Voedselbossen* (›Nahrungswälder‹) sind in den Niederlanden inzwischen fast alltäglich: Hier erfährt man, wie alles zusammenspielt, um uns Nahrung zu liefern: der Boden, die Pflanzen, die Pilze, die Insekten, die Vögel, andere Tiere – und der Mensch. Mit diversen Naturpfaden, Mini-Kinderbauernhof, Workshops, Yoga auf der Wiese (Middellandseweg 4, www.zelfpluktuin.nl, Anfang Mai–Ende Okt. Mo–Sa, sonst Selbstbedienungsladen tgl. 10–16 Uhr).

Im Eingangsbereich des **Museums Kaap Skil** in Oudeschild (▶ S. 100) ist ein 18 m langes Modell der Reede van Texel untergebracht. Ihre große Blütezeit hatten die Reede und mit ihr die Insel im 17., dem ›Goldenen‹ Jahrhundert der Niederlande. Die Handelsschifffahrt boomte, alle Schiffe mussten Texel passieren. Da es damals noch keinen Hafen gab, ankerten die Segelschiffe etwa auf der Höhe von Oudeschild vor der Küste und nahmen hier Verpflegung, Trinkwasser und Mannschaften an Bord. Mitunter mussten die Seemänner lange auf günstigen Wind warten, was für die Inselbewohner von Vorteil war.

vorbei durch fruchtbare und pflanzenreiche Vegetation führt. Die Route kreuzt nun eine befestigte Straße und links vom Weg befindet sich das einzige Insektenschutzgebiet der Niederlande: die Sand- und Lehmgrube **De Zandkuil** 7 (mit Infotafel). Die sonnige Lage am Südhang des Hoge Berg schafft ideale Voraussetzungen für viele Insektenarten, darunter auch seltene Grabbienen und -wespen, die sich zum Nisten in den Sand einbuddeln. Schon der Naturforscher Jac. P. Thijsse (▶ S. 120) wies auf die besondere Bedeutung des Gebietes hin, das damals noch nicht unter Naturschutz stand und als Spielplatz genutzt wurde.

Ein Riese unter Zwergen

Nach 300 m führt links ein Fußweg ins Herz des Oude Land. Vom höchsten Punkt – bei nur 15 m Höhe liebevoll-großspurig **Hoge Berg** 8 genannt –, einer Geschiebelehmaufschüttung aus der Eiszeit, hat man einen schönen Blick über die Insel, Ruhebank inklusive. Am Schansweg angelangt, diesem nach rechts gut 200 m folgen, dann nach links zwischen Weiden hindurch bis zum Slingerwegje gehen. Hier rechts in Richtung Parkplatz einbiegen.

INFOS/ÖFFNUNGSZEITEN

Fort De Schans 3: jederzeit zugänglich
Buitenplaats Brakestein: Skillepaadje, www.brakestein-texel.nl. Die neuen Eigentümer wollen die Gärten restaurieren, öffnen das Landhaus zu bestimmten Anlässen und haben noch viel mehr Pläne.

NATÜRLICH GEREIFT

Piet und Hanna Bakker vom Bauernhof **De Waddel** 1 (Weestergeest 4, Mo, Fr, Sa 11–15 Uhr und n. V., www.dewaddel.nl) waren die ersten auf Texel, die Schafsmilchkäse wieder nach traditionellem Rezept herstellten.

Faltplan: E 8/9 | **Start:** mitten im Dorf am Schwimmbad Molenkoog; **Route:** ca. 10 km; **Dauer** (mit Picknick): bis zu einem halben Tag oder länger raune sei tödlich. Tatsächlich ist die recht unscheinbare Pflanze, deren Gestalt der eines Menschen ähnelt, stark giftig und kann zum Tod führen.

Kogerstraat 1, www.oudheidkamertexel.nl/de, April–Okt. Mo–Sa

Neuschöpfungen

Wer die **Museum Galerie RAT** 10 (Recomposed Art Texel) besuchen will, sollte ein wenig experimentierfreudig sein und kein Museum im eigentlichen Sinne erwarten. »Hier betritt man eine andere Welt«, sagt Künstlerin Maria Roelofsen. Dieses Paralleluniversum bevölkern Marias teils fantastische Skulpturen, Reliefs und Lichtobjekte. Ihr Material sucht sie am Strand und lässt sich davon inspirieren; ihre Objekte sind feinsinnig und humorvoll. Die geometrischen Muster von Goossen Karssenberg – er ist Experte für islamische Designtradition – scheinen auf den ersten Blick nichts mit Marias Werken gemein zu haben. Aber schauen Sie einfach ein zweites Mal hin.

Burgwal 20, www.museumgalerierat.nl, Mi–Sa, alle Werke sind zu erwerben

SCHLEMMEN, SHOPPEN, SCHLAFEN

In fremden Betten

Zwischen Tradition und Moderne

Hotel De Lindeboom 1

Das am Markt gelegene Traditionshotel hat eine mehr als hundertjährige bewegte Geschichte hinter sich, das Gebäude eine noch längere. Die 49 meist großzügigen Zimmer und Suiten sind modern und komfortabel eingerichtet (z. T. mit Sauna/Whirlpool). Am ruhigsten sind die Zimmer im Altbau, dafür muss man Treppen steigen. In der **Brasserie De Lindeboom** mit wunderschönem Wintergarten und kleiner, aber feiner Karte speist man hervorragend. Das Dach über allem, die Hotel Groep Texel, hat sich sozialverantwortlichem Handeln verschrieben.

Groeneplaats 14,www.lindeboomtexel.nl/de, DZ/F €€–€€€, Brasserie: €–€€

Wie bitte? Texel ist die größte Stadt der Niederlande? Aber Den Burg, größter Ort der Insel, hat keine Stadtrechte? Stimmt. Denn vor mehr als 600 Jahren erhielt das ›Lant van Texel‹ Stadtrechte – die ganze Insel ist also Stadt. Amsterdam, Rotterdam und viele andere Städte zählen zwar mehr Einwohner, mit 585,96 km^2 (inkl. der Binnen- und Außengewässer) ist Texel aber die bei weitem größte Stadt – flächenmäßig eben.

Vogelgezwitscher statt Wecker

Hotel De 14 Sterren 2

3 km von Den Burg entfernt, am Rand von Wald und Dünen, liegt dieses kleine Idyll mit 14 großzügigen, individuell eingerichteten Zimmern (zehn Zimmer mit Terrasse), auch für Familien. Sehr freundliche Gastgeber, ausgezeichnetes Frühstück, das im Zimmer oder auf der Terrasse serviert wird, schöner Garten.

Smitsweg 4/6, www.hotel14sterren.nl/de, DZ/F ab 105 €, nebenan Restaurant De Worsteltent, €–€€

Einfach schön

Hotel De Smulpot 3

Schön eingerichtetes kleines Boutique-Hotel, das viele Fans hat. Das Haus liegt sehr zentral, nach hinten raus ist es ruhiger. Sieben mit Liebe zum Detail eingerichtete helle Zimmer mit ausgezeichneten Betten (2,10 m) und Regenwasserdusche. Weitere Pluspunkte: das leckere, frisch zubereitete Frühstück, die Terrasse und das ausgezeichnete Restaurant. Gut: Spareribs, Bavette, Lamm, Gambas, aber auch so spannende Sachen wie Thunfisch-Lollipops oder veganer Eintopf.

Binnenburg 5, www.smulpot.de, DZ/F €–€€, €–€€, kleinere Portionen 2,50 € günstiger

A night at the museum

De Museumkamer 4

In ihrer Galerie im historischen Zentrum von Den Burg mit Blick auf die Kirche hat

Maria (► S. 27) ein super schönes Zimmer eingerichtet: hell, freundlich, originell, witzig und mit allem, was man braucht. Man merkt, hier waren Künstler am Werk. Eigene Dusche, eigene Toilette (auf dem Gang). Für 2 Pers. Kein Frühstück, aber es sind mehrere Cafés um die Ecke.

Burgwal 20, www.museumgalerierat.nl/night-at-the-museum, €, Reinigung 35 €

Wohnen wie eine Einheimische

B&B De Etalage aan de Burgwal 5

Marga bietet in ihrem historischen Häuschen im Zentrum ein mit viel Liebe zum Detail eingerichtetes Zimmer mit eigenem Bad und Wintergarten an. Hell, freundlich, mit guten (Einzel-)Betten und Kühlschrank. Es besteht die Möglichkeit, Tee und Kaffee zuzubereiten. Marga serviert ein üppiges, leckeres Frühstück in der Wohnküche. Gastfreundschaft, wie sie im Buch steht!

Burgwal 43, www.facebook.com/deetalage, DZ/F €, Einzelreisende zzgl. 5 €

So was von gemütlich!

SO HUM 6

Im Erdgeschoss (Küchenblock im 1. Stock) und unterm Dach liegen diese liebevoll von Josje und Duncan eingerichteten hellen und freundlichen Zimmer (Achtung: steile Treppe). Die beiden sind Ende 2018 aus der *drukken* Randstad nach Texel gezogen und genießen die Insel – ihr Wohlgefühl möchten sie an ihre Gäste weitergeben. Bis zu vier Personen fühlen sich hier kürzer oder länger wohl (Küchenblock mit Mikrowelle, Kühlschrank).

Weverstraat 104, so-hum.nl, mind. 2 bzw. 4 Nächte, 2–4 Pers., €€

Ein magischer Ort

Tenthuis Den Burg 7

Ungewöhnlich: Roland und Eva haben zwei ›Tenthuizen‹ gebaut, die an Blockhütten erinnern. Eines davon steht gleich in der Nähe ihres kleinen ›Landguts‹ mit Katzen, Hühnern, Schweinen und einem Badetümpel etwas außerhalb Den Burgs. Der Traum vom Leben auf dem Land wird wahr: Das liebevoll eingerichtete Häuschen mit Kanonenofen steht mitten in der Natur. Klein, aber fein mit Liegestühlen und Sitzecke draußen. Vom Häuschen blickt man auf die Schafweiden des Nachbarn. Für max. zwei Erwachsene und zwei Kleinkinder. Das zweite ›Zelthaus‹ steht zwischen Oosterend und De Waal (► S. 40).

Westerweg 14, https://tenthuistexel.weebly.com, mind. 2 Nächte, €, pro Kind ab 18 €, auch länger (dann günstiger) zu mieten

Hippe Herberge

Stayokay Texel 8

Das gemütliche Hostel liegt fußläufig zum Ort und 6 km vom Strand entfernt. Mit seinen natürlichen Materialien und den zurückhaltenden Farben passt es gut zur Nordseeinsel. Einfache 1-, 2-, 4-, 5- oder 6-Bett-Zimmer mit eigenem Bad (Dusche/WC). Zahlreiche Spiel- und Sportmöglichkeiten (auch draußen); Bar und Restaurant. Guter Service. Nettes Team. Mit Fahrradverleih. WLAN frei. Bettwäsche ist vorhanden. Frühzeitig buchen!

Haffelderweg 29,www.stayokay.com/texel, Nacht inkl. Frühstück im Gemeinschaftszimmer €, 2-Bett-Zimmer mit Bad pro Nacht inkl. Frühstück €

Satt & glücklich

Am unlängst renovierten **Stenenplaats** hat sich eine kleine, feine Terrassenkultur entwickelt. Selbst im Winter sitzt man hier draußen – mit Decke und unter Heizpilzen. Weitere Restaurants ► Übernachten, S. 27.

Wo die ganze Familie glücklich wird

De Kastanjeboom 1

Im Sommer unter der Kastanie auf dem Stenenplaats (oder mit Heizpilz im Winter), in der kälteren Jahreszeit im gemütlichen Innenraum lecker Herzhaftes (und vegetarische *aanrader wie* Falafel mit Hummus oder Veganburger) essen: Pfannkuchen, Burger, Lammfleischspieß, ausgezeichnet marinierte Spareribs, *stoofpot* (Schmortopf), Muscheln etc. Sehr freundlicher Service.

Stenenplaats 2, https://kastanjeboomtexel.nl/de, tgl., auch umfangreiche Lunchkarte, mit Barbetrieb, €–€€

Erinnerungen an »Die Vögel« von Alfred Hitchcock werden hier wach ... Besonders schüchtern sind die Möwen auf Texel tatsächlich nicht und sie können schon mal eine Flügelspannweite von 1,40 m erreichen, Mantelmöwen sogar bis zu 1,70 m!

Was für zwischendurch & auf ein Bier

Gastropub Mans 2

Das nette Bruine Café empfiehlt sich im Sommer mit großer Terrasse auf dem Stenenplaats bei Kaffee und Apfelkuchen oder Brasseriegerichten. Im Winter geht's unter den Heizpilz oder, wenn's zu kalt ist, in das gemütliche ›braune Café‹ auf ein (texelsches) Bier und mehr.

Stenenplaats 9–10, www.cafemanss.nl/de, Livemusik im Sommer (Fr–So); Küche tgl., €–€€

Gerstensäfte und eine gute Küche

Taveerne De Twaalf Balcken 3

Diese typische ›braune‹ Kneipe mit dunklem Holzmobiliar und langer Theke in der Fußgängerzone ist längst eine Institution auf der Insel. Die Qualität hat darunter indes nicht gelitten. Dauerbrenner aus der offenen Küche sind die Spareribs und das Saté vom Holzkohlegrill. Gut schmecken unter ›den zwölf Balken‹ und im Wintergarten auch die Lammspezialitäten (Schmortopf!). Hierher kommt auch, wer an der Bar ›nur‹ eines der Biere trinken möchte. Das Angebot des Biersommeliers ist riesig: acht gezapfte (darunter das hiesige Skuumkoppe) und mindestens 140 Flaschenbiere! Umfangreich ist auch die Jeneverkarte. Das Lokal ist gut besucht, das kann schon mal zu Wartezeiten führen. Unbedingt reservieren.

Weverstraat 20, www.12balcken.nl, tgl. bis spät, Di–Do, So ab nachmittags, €–€€

Aber bitte vegan!

WitLof Foodbar & Hangout 4

Die Jungs von Standpaviljoen Paal 12 am Jan Ayeslag wollten es wissen – und eröffneten das erste vegane Restaurant der Insel. Auf der Karte stehen Ramen, Kimchi, Burger, Tacos, Gemüse etc. Umfangreiche Snackkarte. Alles ohne Zusatzstoffe, versteht sich! Die drei Jungs schätzen die asiatische und die Küche Tel Avivs – gepaart mit exzellenten Zutaten von der Insel und viel Spaß an kreativen Kompositionen. Sehr freundlicher Service.

Weverstraat 39, www.witloffoodbar.nl, Do–So, gutes Frühstück, €(–€€)

Fisch futtern

Viscenter Waddenzee 5

Nicht nur für seinen *kibbeling* (panierte und frittierte Fischstückchen) bekannt, der hier tatsächlich noch aus Kabeljau gemacht wird, sondern auch für diverse Fischsalate, hausgemachte Fischsuppe, frischen Fisch, Garnelen vom Kutter TX 65 (www.texelsegarnaal.nl) und natürlich für *hollandse nieuwe* (Matjes). Zum Mitnehmen, es gibt aber auch ein paar Tischchen im Geschäft. Fixe, freundliche Bedienung. Gutes Preis-Leistungs-Verhältnis.

Stenenplaats 8, www.viscenterwaddenzee.nl, Mo–Sa, €

Die Sträßchen im Zentrum Den Burgs sind zum Teil Idylle pur!

Bouillabaisse an der Binnenburg

De Coninck van Poolen 6

Das Gebäude fällt auf – kein Wunder, stammt das Haus mit dem schönen Treppengiebel doch bereits von 1680! Die historische Kulisse bietet einen wunderbaren Rahmen für das moderne Interieur. Hier oder auf der netten Straßenterrasse lässt man sich gerne nieder, um Apfelkuchen oder eines der leckeren Brasseriegerichte (Käsefondue, gute Bouillabaisse) zu genießen.

Binnenburg 8, www.deconinckvanpoolen.nl, Mo, Di geschl., €–€€

Einfach sitzen bleiben …

Lokaal 16 7

Beginnen wir beim Kaffee, der in dem freundlichen Lunchcafé ausgeschenkt wird: Er hat Barista-Qualität. Gehen über zu den Fruchtshakes: Sie sind zum drin baden. Kommen wir zum leckeren Sahnejoghurt vom Hof Novalishoeve. Ganz zu schweigen von Hanftee, den Sauerteig-*broodjes* mit Fisch, Fleisch oder Käse, den Törtchen (Banane-Dattel, Feige!), den Suppen (wenn es sie gibt, die Senfsuppe bestellen) oder den Salaten. Bei gutem Wetter lockt der sympathische Stadtgarten und wer will, bleibt einfach vom Frühstück über den Lunch bis zum *borrel* hier sitzen. Ist ja Urlaub und hier lässt es sich super entschleunigen.

Gravenstraat 16, www.lokaal16.nl, tgl. 8.30–17 Uhr, im März Mo geschl., gutes Frühstück, €

Authentische indonesische Aromen

LvY Indonesia 8

Wo einst in den schönen, freundlichen Räumen von De Luwte französisch gekocht wurde, serviert Anneke seit 2019 authentische indonesische Küche. Die Indonesierin hatte schon viele Erfahrungen im Catering und mit einem Foodtruck sammeln können, als sie ihren Herzenswunsch, ein eigenes Restaurant, verwirklichen konnte. Seit der Eröffnung brummt es hier – kein Wunder bei der erstaunlichen Aromenvielfalt und der ungemein liebenswerten Gastfreundschaft.

Warmoesstraat 2, www.annekeskitchen.nl, Mi–Sa ab 18 Uhr, bei gutem Wetter mit Terrasse, 3- bis 5-Gänge-Überraschungsmenü €–€€

KULINARISCHE HOCHKARÄTER

Auf kleinstem, noch dazu sehr idyllischem Fleck, zwischen Zwanen-, Warmoes- und Gravenstraat hinter dem Marktplatz, haben sich in dem ohnehin an Restaurants und Kneipen reichen Den Burg gleich mehrere kulinarische Hochkaräter versammelt: **LvY Indonesia** 8 (▸ S. 30), **Eilandkeuken Texel** 9 (▸ S. 31) und **Freya le Bistro** 10 (▸ S. 31).

Geschmackssensationen
Eilandkeuken Texel 9

Der Michelin-Inspekteur hielt fest: »Der Küchenchef hat es nicht weit, um Top-Produkte aufzutun. Egal, ob Fisch, Fleisch oder sogar Kräuter – Texel hat alles zu bieten. Die Frische der Produkte überzeugt auf dem Teller, die Gerichte sind eine Geschmackssensation!« Das bescherte Chefin Mirjam den BIB Gourmand für ihre regionale Saisonküche (Menü unter 37 €). Die moderne Einrichtung ohne jeden Firlefanz ist fast ein wenig zu cool für die Insel, doch der ausgesprochen aufmerksame Service macht den Aufenthalt in dem alten Lagerhaus sehr angenehm. Ausgezeichnete Weine. Mit wunderschön eingerichtetem B&B im selben Haus (€€–€€€, Frühstück 17,50 €).

Gravenstraat 7, www.deeilandkeuken.nl, Di–Sa ab 18, Küche bis 22 Uhr, BIB-Gourmand-3-Gänge-Menü, 4- bis 7-Gänge-Menü 53–85 €

Bezaubernd
Freya le Bistro 10

Schräg gegenüber wartet dann das Kontrastprogramm: ein süßes Bistro mit nur zehn Tischen. Es ist eng – und sehr gemütlich. Die Küche mit ihren traditionellen Gerichten setzt auf ausgezeichnete Zutaten. Liline und Falko führen das Bistro mit Liebe. Kleine, aber feine Karte: Beim 3-Gänge-Menü wählt man aus jeweils drei Gerichten (Hauptgericht: Lamm, Rind oder Fisch/Meeresfrüchte; vegetarische Variante vorbestellen; sehr gute Salate, ausgezeichnete Gemüse). Oliven und Wasser gehören zum Service. Guter Hauswein. Ein fröhlicher Abend ist hier garantiert. Unbedingt reservieren.

Gravenstraat 4, T 0222 32 12 14, Mi–Sa ab 18 Uhr, €

Stöbern & entdecken

An vielen Sonntagen, **Koopzondag,** haben die Läden geöffnet (12–17 Uhr).
1 – 11: ▸ S. 18

Von Schafskäse bis Socken
Wochenmarkt 12

Immer wieder montags findet der Wochenmarkt statt, je nach Jahreszeit mit unterschiedlich vielen Ständen. Neben Obst, Gemüse und Blumen, Fisch, Fleisch und Käse sind auch Wolle, Strickwaren, Schafsmilchprodukte (u. a. De Noordkroon, noordkroon.nl) und Souvenirs im Angebot. Fischstand nicht vergessen.

Groenenplaats, Mo 8–13.30 Uhr

Lesen leicht gemacht
Nauta Boek 13

Ausgezeichnete Auswahl an Büchern und Zeitschriften, auch ein gutes deutschsprachiges Angebot.

Parkstraat 38, libris.nl/nautaboek

Texelsche Trauben
Wijngaard De Kroon van Texel 14

Wein aus Texel? Ja! Nach gut einem Dutzend Jahren besitzt Winzer Jan Jaap Kroon 8500 Rebstöcke und produziert jährlich ca. 6000 l Wein aus den Rebsorten Johanniter, Solaris, Regent und Riesel. Kroon ist dem Wettergott dankbar, dass es auf Texel so viele Sonnenstunden gibt, denn das tut der Qualität des Weines gut und macht ihn voller und fruchtiger. Wer sich gar nicht mehr losreißen kann: Im luxuriösen B&B von Jan Jaap und Marleen wacht man quasi zwischen den Weinstöcken auf (mit Privatterrasse).

Rozendijk 32, www.wijngaarddekroonvantexel.nl, Shop: Mi–Sa 10–16 Uhr; Führungen mit anschließender Weinprobe Anfang Mai–Ende Sept. Mi um 19.30, Fr und Sa um 15.30 Uhr, 12 €; Fr 20 Uhr Weinprobe & tex. Spezialitäten, 18 €; B&B €€€/F

Wenn die Nacht beginnt

Insel-Institution
Café Mans ❷

Mitten im Trubel der Einkaufsstraße Binnenburg liegt das gemütliche Bruin Café, das bei den Texelaars äußerst beliebt ist. Sie kommen her, um im Lokal oder auf der schönen Straßenterrasse *lekker bier* zu trinken, zu *borrelen* (›snacken‹), Sportübertragungen zu schauen – da kann es schon mal hoch hergehen –, Bingo zu spielen oder den DJs und Livebands zu lauschen. Ein perfekter, lustiger und oft lautstarker Abend ist hier garantiert!

Binnenburg 10, www.cafemans.nl/de, Mi–Mo 19 Uhr bis spät, Veranstaltungsprogramm auf Facebook

Erfolgsrezept
Café De Slock ❸

Billard, Darts, das beliebte Pubquiz, dazu ab und zu Livemusik oder DJs legen auf – im ›Bruine Café‹ stimmt alles, und das seit über 50 Jahren. Darauf haben die heutigen Besitzer, Sita und Niels, sicher mit Champagner angestoßen – oder mit einem der zwölf Fass- oder einem der mehr als 120 Flaschenbiere. Man kommt auch zum ›Kneipen-Viewing‹, wenn es spannende Fußballspiele gibt. Mit neuem Stammtisch und Lesetafel.

Parkstraat 36, www.deslock.nl, tgl. ab 16 Uhr bis spät

Bier-Botschafter
Taveerne De Twaalf Balcken ❸

Mit guter Stimmung und seiner riesigen Bierauswahl weiß auch De Twaalf Balcken (▸ S. 29) zu überzeugen – und wurde dafür als ›beste Kneipe der Watteninseln‹ ausgezeichnet. Besitzer Co Vermue gehört der ›Alliantie van Biertapperijen‹ (*tapperij* = Fassbierausschank) an und ist Bier-Botschafter des belgischen Trappistenbieres Orval, ein Fachmann also.

Sport & Aktivitäten

Beim VVV (Touristinformation ▸ S. 33) gibt es Kartenmaterial und Routenhinweise für diverse Wander- und Radtouren, z. B. für die 30 km lange **Radtour durch das Alte Land von Texel** (▸ S. 35), die auch den Hoge Berg streift, oder die **Lammetjesfietsroute,** bei der sich auf 35 km alles um das Schaf dreht. Während man bei der knapp 5 km langen **Wanderung De Hal** alles über Den Burg und die umliegenden Bauernschaften erfährt (Wanderung von De Lieuw, Route 6).

Wenn das Meer mal zu weit ist
Zwembad Molenkoog ❶

Der Clou des beheizten, frisch renovierten Freibades mit Schwimmer- und Nichtschwimmerbecken ist die superschnelle Rutsche. Weitere Vorzüge sind die Tischtennisplatte, das Trampolin, das Kleinkinderbecken, der Sandkasten, die großzügige Liegewiese mit schattigen Plätzen und der nette Imbiss mit Terrasse.

Slingerweg 40, auf Facebook, Ende April–Mitte Sept.

Der Fahrradladen auf der Insel
Van der Linde Fietsen ❷

Bei Van der Linde gibt es (Kinder-) Fahrräder, Moutainbikes, Tandems, E-Bikes, Scooter, Bakfietsen, Kinder- und Hundeanhänger und und und.

Parkstraat 12, www.vanderlindefietsen.nl, mit Filialen in De Koog und De Cocksdorp

Gib Gummi!
Circuitpark Karting Texel ❸

Das Formel-1-Gefühl für Go-Kart-Fahrer verspricht diese große Außenbahn mit zehn Kurven (Länge: 525 m), darunter einer Haarnadelkurve. Die Rundenzeiten werden auf die Tausendstelsekunde genau genommen; gute Fahrer sprechen von einer schnellen Strecke – bis 70 km/h geht es hier ab. Wer dennoch nicht ins Go-Kart steigen möchte, nutzt den Spielplatz oder die Picknickwiese. Für die Kleinen gibt es eine elektrische Kinder-Go-Kart-Bahn. Es besteht Helmpflicht, Helme werden gestellt. Häppchen könnten in der Kantine genommen werden; große Sonnenterrasse mit Blick auf die Bahn!

Akenbuurt 14, http://kartingtexel.nl/de, Juli, Aug. 10–18, Sept.–Juni 10–17 Uhr, Kartfahren im Juli/Aug. bis 20 Uhr (reservieren); Kart 18 €/12 Min.

Schafe, Schafe, Schafe, egal, in welcher Form, bestimmen das Leben auf der Insel. 22 000 Lämmer gesellen sich im Frühjahr zu den rund 9000 ›großen‹ Schafen. Die Zahl der Plüschtiere zum ›knuffelen‹ dürfte noch einmal beträchtlich darüberliegen.

INFOS

VVV (Touristinformation): Emmalaan 66, www.texel.net/de, Mo–Sa. Infomaterial, Karten, Reiseführer, Bücher, diverse Tourenangebote und Vermittlung von Unterkünften (auch telefonisch); keine Parkvignetten!

Busse haben Anschluss an die Fähre (in Den Helder Linie 33, auf Texel Linie 28, über Den Burg nach De Koog). Das Busticket (Hin- und Rückfahrt 3€ pro Person, nur mit Karte) gibt es in Den Helder am Conneexxion-Schalter oder im Bus. Der zentrale **Busbahnhof** befindet sich am Bahnhof in Den Helder bzw. an der Straße Elmert in Den Burg. Der **Texelhopper** bedient die übrigen Strecken. Der Kleinbus muss mind. 30 Min. zuvor telefonisch reserviert werden, 3 € pro Fahrt, www.texelhopper.nl. Die Tickets können entweder beim Fahrer (nur mit Karte) oder bei verschiedenen Vorverkaufsstellen erworben werden. Auch **Taxis** stehen bei Ankunft der Fähre bereit.

Fähre: ab 't Hoorntje im Süden

TERMINE

Amusetour Texel: So im März, www.amusetour.nl. Kulinarischer Spaziergang im Ort (65 €).

Lammetjeswandeltocht: Ostermontag, www.hetgoudenboltje.com. Wanderung im Oude Land entlang der Schafweiden (5, 10, 15, 25 oder 40 km, 4 €).

Uitmarkt BuitenGewoon Texel: Sa im Mai, 12–22 Uhr, auf dem Groeneplaats. Schnupperkurs in Sachen Kultur auf Texel – von Konzerten bis zu Museen, von Galerien bis zu Kunstschaffenden, von Workshops bis zu Theatern – bei ›AußerGewöhnlich Texel‹ ist viel zu sehen. www.texelcultuureiland.nl.

Zomeravondconcerten: von Juli bis Sept. Konzerte klassischer Musik in den Dorfkirchen. Informationen: www.kerkpleintexel.nl/zomerkerk/zomeravondconcerten.

Sommermarkt: im Juli, Aug. Mi 11–17 Uhr auf dem Groeneplaats, auf Parkstraat und Binnenburg im Herzen von Den Burg, www.winkelhartvantexel.nl/markten. Mit Livemusik, Tanzvorführungen, Kunst, div. Aktivitäten wie Kinderschminken, Kletterwand etc. Verschiedene Marktstände.

Schafzuchttag: 1. Mo im Sept. (8–13.30 Uhr) auf dem Groeneplaats. Traditioneller Schafmarkt *(veemarkt)* und -körung mit Jahrmarktatmosphäre. Spannend sind die Verkaufsverhandlungen – auch wenn man kein Niederländisch versteht. Das Dorf ist voller Menschen, das Parken wird äußerst schwierig.

PARKEN LEICHT GEMACHT

Parkvignetten gibt es auf der Insel nur noch online. Zu bekommen ist die eVignette entweder über www.texelevignet.de – für einen Tag (10 €), eine Woche (20 €) oder ein ganzes Jahr (30 €) – oder an Parkautomaten. Von Montag bis Sonntag (8–20 Uhr) ist das Parken fast überall auf der Insel kostenpflichtig; am Automaten können einzelne Parkscheine nur noch mit Karte bezahlt werden (2,50 €/Std.). Auf einigen Parkplätzen ist zusätzlich zur eVignette das Auslegen der Parkscheibe erforderlich, das Parken ist hier auf zwei Stunden beschränkt. Beim Onlinekauf der eVignette müssen Sie nur das Kennzeichen eingeben und bezahlen; im Auto wird kein Ticket mehr ausgelegt, die Parkwächter scannen nur mehr das Kennzeichen.

Texelblues: 3-tägiges Festival im Okt. (Fr–So) in verschiedenen Locations, www.texelblues.nl. Besonders die bekannten Bands locken Bluesfans auf die Insel; mit Texelblues Challenge, bei der junge Bands, Duos und Solisten eine Chance erhalten.

Nacht van de Nacht: Der Himmel über Texel ist nachts wirklich schwarz – nur die Sterne leuchten in klaren Nächten. Am letzten Samstag im Okt. wird die ›Nacht der Nächte‹ mit zahlreichen Aktivitäten begangen. I

Het Oude Land

🕮 C–G 6–10

Genau 15,3 m über dem Meeresspiegel erhebt sich der Hoge Berg, eine Geschiebelehmaufschüttung südöstlich von Den Burg. Er ist der älteste Teil der Insel. In der Eiszeit nahmen die Gletscher aus dem Norden eine Mischung aus Geröll, Kies und Lehm mit, die durch das Eis abgelagert wurde. Auch die Dörfer Den Burg, Den Hoorn, De Waal und Oosterend liegen erhöht auf solchen Aufschüttungen. Dieses Gebiet nennt man ›Het Oude Land van Texel‹ das ›Alte Land von Texel.‹

Ausnahme-Aussicht

Im 17. und 18. Jh. hatte man vom Hoge Berg eine beeindruckende **Aussicht** auf die Schiffe, die vor der **Reede von Texel** lagen, und auf das geschäftige Treiben rundherum. Der Ausblick lohnt noch immer, die großen Segler allerdings sind verschwunden.

Sieben Pfannkuchen

Im hiesigen **Eichenwäldchen** findet sich ein kleiner Hügel, um den sich eine Sage rankt: Angeblich liegt hier der sog. Englische Stein unter einer Sandschicht versteckt. Es heißt, man könne auf ihm unter der Nordsee hindurch bis nach England laufen. Es ist nicht bekannt, ob es jemand jemals geschafft hat …

Fakt aber ist, dass sieben Stufen auf den Hügel führen, die den hübschen Namen **De Zeven Pannenkoeken** (🕮 E 9) tragen. Im Wäldchen gibt es auch einige Wanderpfade und Ruhebänke für müde Wanderer.

Radeln und Wandern

30 km lang ist **Het Oude Land van Texel Fietsroute.** Angelegt als Rundtour, ist der Einstieg überall möglich. Die Tour führt über Den Burg zum Hoge Berg (🕮 E 8/9), am Wattenmeer entlang zum Fährhafen, von dort nach Den Hoorn, berührt im Anschluss das Waldgebiet De Dennen und geht über die Bauernschaft Driehuizen zurück nach Den Burg. Auch die 32 bzw. 39 km lange **Thijsseroute** führt durchs Alte Land, teilweise auf derselben Strecke wie die oben genannte Tour. Man fährt im Inselosten allerdings noch am Naturschutzgebiet Dijkmanshuizen und am Fischerhafen Oudeschild vorbei und berührt im Nordwesten den Badeort De Koog. Die Route ist nach Jac. P. Thijsse benannt, einem der bedeutendsten Naturforscher der Niederlande. Obwohl seine Freunde ihn fragten, was er auf so einer Schafinsel wolle, empfahl er einen Besuch auf Texel »lieber dreimal in einem Jahr, als einmal in drei Jahren«.
Ein Klassiker unter den Wanderungen auf der Insel ist die um den **Hoge Berg** – was ihr nichts von ihrer Attraktivität nimmt (▸ S. 24).
Informationen online unter www.texel.net oder als Broschüren (mit Karte) über den VVV Texel

Waal en Burg

🕮 D/E 6/7

Vier bewegte Jahrhunderte hat der Polder Waal en Burg bei De Waal auf dem Buckel. Er ist eines der ältesten Naturreservate des Vereins Natuurmonumenten auf Texel, der durch kontinuierlichen Zukauf von Land das Gebiet weiter vergrößern möchte.

Im Südosten des Hoge Bergs findet sich ein kleines Eichenwäldchen aus dem 18. Jh., damals ›Het Doolhof‹ geheißen und heute ein beliebter Picknick- und Spielplatz für die Texelaars. Für die einen am Nachmittag, für die anderen am Abend – dann mit hohem Romantikfaktor. Hier hielt schon Inselarzt Luc Walraven ein Schäferstündchen mit seiner Liebsten Mila, bevor sie den Wirren, die auf den Georgieraufstand im April 1945 folgten, zum Opfer fiel. Nachzulesen in Nico Dros' sehr spannendem Roman »Oorlogsparadijs« (»Kriegsparadies«), der bislang nur in niederländischer Sprache erhältlich ist.

Ursprünglich stammt der Polder aus dem 17. Jh. Damals war er ein Salz-Sumpf-Gebiet, dessen alte **Priele** und die ihn umgebenden **Deiche** bis heute zu sehen sind. Hier wachsen besonders viele salzresistente Pflanzen wie Strandsode, Queller und Orchideen (schön: die Blüte ab Mitte Juni), die sich an den Salzgehalt des Meerwassers angepasst haben. Denn das Grasland des sehr niedrig liegenden Polders ist ausgesprochen feucht und das Wasser an einigen Stellen brackig. Der mittlere Teil des Polders, der am flachsten ist, gilt als das älteste Weidevogelreservat des Landes.

Das Glück der Vögel

Darüber hinaus ist Waal en Burg ein ausgezeichnetes Brutgebiet für viele Wiesenvögel, die von der Ruhe des Reservats und seinem Futterreichtum profitieren. Der Polder gilt als vogelreichster Landstrich der Insel und ist für Limikolen wie Uferschnepfe, Rotschenkel und Austernfischer das wichtigste Futtergebiet. Sie sind von der **Vogelbeobachtungshütte** (über die Wanderroute zu erreichen) gut zu

Nicht ohne meine Schafe! – **Schapenboerderij Texel**

Texel zählt ebenso viele Schafe wie Menschen – und im Frühjahr, wenn sie lammen, werden es noch einige mehr. Das Schaffleisch der Insel ist sehr beliebt und schon Frankreichs Präsident Chirac wusste es zu schätzen. Doch auch Schafsmilch und -käse, Kosmetik aus Schafsmilch und Schafwolle sind begehrt. Zu Besuch am ›Ausgangspunkt‹, bei Schäfer, Schaf und Hütehunden.

Hans Witte ist mit Herz und Seele Schafbauer auf der **Schapenboerderij Texel** 1. In siebter Generation bewirtschaftet er den Hof – und ist froh, dass mit Tochter Mariska und Sohn Lennart die nächste Generation gesichert ist. Er ist stolz auf seinen *stolp,* die typische quadratische Hofanlage, die um 1700 aus den Masten von gesunkenen Schiffen der VOC (Vereinigte Ostindische Kompanie) errichtet wurde.

Was mag wohl ›Schöner wohnen‹ auf Niederländisch heißen? Jedenfalls scheinen Bauer und Bäuerin zu wissen, wie man's macht. Sehr hübsch in einer alten Scheune haben sie Verkaufsraum und Bauernhofcafé eingerichtet. Wer mag, nimmt die Stricknadeln gleich mit und legt direkt im Café schon los. Wolle gibt's genug.

Tierisch was los!

Doch auf dem Hof stehen nicht die Familienmitglieder im Mittelpunkt, sondern die kleinen Wollknäuel, und wer im Frühjahr kommt, kann mit Glück bei einer der Lämmergeburten dabei sein. 750 Schafe hat Hans Witte und gut 1000 *lammetjes* werden jedes Jahr geboren. Eine anstrengende Zeit für alle, denn kündigt sich eine Geburt an, wird im Stall übernachtet. Die Bauernfamilie arbeitet daher im März und April, wenn die meisten Lämmer geboren werden, im Schichtdienst. Oft brauchen die Mutterschafe unter der Geburt Hilfe. Wird ein Lamm mit der Flasche aufgezogen, ist die Mutter entweder verstorben oder hat den Nachwuchs verstoßen. Die Mini-Schafe können übrigens kurz nach der Geburt schon stehen und dürfen nach circa einer Woche bereits mit auf die Wiese.

Wandelnde Wollteppiche

Beim Schafetreiben helfen Witte seine Kelpies, australische Hütehunde. Sie kennen alle Kommandos und wissen, was zu tun ist. »Ros«, auf diesen Befehl hin sausen die Hunde los, halten die Tiere in Schach und holen die kranken Schafe aus der Herde. Oder sie treiben sie zum Scheren zusammen. Dazu legt der Bauer das Tier auf den Rücken und befreit es vorsichtig und ruhig von seinem Pelz. Die meisten Rassen geben pro Jahr etwa 3,5 kg Wolle, Devonschafe, die Witte auch besitzt, 15 kg im Jahr.

Schafalarm

Eine Insel voller Schafe – was liegt da näher als ein **Schafmuseum 2**? Wer sich vom *lammetjes knuffelen* losreißen kann, macht sich zu Fuß übers Feld auf zum Museum – wobei das ein großes Wort für die kleine, aber feine Ausstellung ist, die in einer der traditionellen *schapenboeten* (► S. 40) untergebracht ist. Über ein Teilstück der **Route Skéép en Lantskap** (Schaf und Landschaft) geht es zum **Käsebauernhof Wezenspyk 2** (► S. 60) und an den Infopoints vorbei zur Schafscheune. Highlight auf dem Pfad: die **Handfähre 3**!

Wer die gesamte Route »Schaf und Landschaft« (8,5km) wandern möchte, ist gut zwei Stunden unterwegs und erfährt dabei alles über die Schafzucht auf Texel. Die Tour ist landschaftlich ausgesprochen schön, doch auch die nur 3km lange Abkürzung ist ein *aanrader*, wie die Niederländer sagen.

INFOS/ÖFFNUNGSZEITEN

laemmerradar.de: nachschauen, wo heute Lämmer auf der Wiese stehen!
Schapenboerderij Texel 1: Pontweg 77, www.schapenboerderijtexel.nl, Mitte Feb.–Ende Okt. tgl., Vorführungen tgl. um 11 und 14 Uhr, gratis, Bauernladen, Kinderbauernhof, div. Aktivitäten, Café
Schapenmuseum 2: Hoornderweg 29, www.schapenmuseum.nl, Di–Sa, Eintritt frei, Infopunkte zu Schafzucht, Bauernleben; mit Film

---

LAMMFLEISCH DELUXE

Bei all dem Geknuddel und Gestreichel vergisst man schnell, wofür die niedlichen Tiere gezüchtet werden. Beim Blick in den Hofladen von Familie Boerhorst auf **De Hoge Kamp 1**, die ihre Tiere sehr liebevoll und artgerecht hält, ist man dann zurück auf dem Boden der Tatsachen: Im Tiefkühlregal liegen Lammschulter an Lammschenkel an Lammburger an Lammhack (Hoornderweg 21, mobil 06 22 42 00 51, dehogekamptexel.nl, auf gut Glück vorbeischauen oder vorher anrufen).

Faltplan: D 9 | Wanderung auf einem Teilstück der Route Skéép en Lantskap: 3 km (ist als Rundweg über Den Hoorn angelegt und insgesamt 8,5 km lang)

VERLIEBT IN ›KRÖTENSTÜHLE‹

Lecker, lange haltbar und nicht zu teuer – die Rede ist von Shiitakepilzen. Was? Das sind doch diese japanischen Pilze, die auf Bäumen wachsen. Und die werden jetzt auch auf Texel gezüchtet? Ja, nur dass Maarten Dijker von der **Texelse Paddenstoelenkwekerij** (🕮 D 9) sie nicht auf Bäumen, sondern auf Ballen zieht, Ballen aus Sägemehl von Eichen und Buchen. Gut zwölf Wochen brauchen die Pilze, dann kann Maarten sie ernten. Öffnen sich die Hütchen, dann sind die Pilze gut. Der Züchter hat auf das richtige Pferd gesetzt, Shiitakepilze erfreuen sich in den Niederlanden wachsender Beliebtheit. Das bestätigt ihm auch der eigene (steigende) Abverkauf an die Chefköche der Insel. Bei Maarten ist übrigens alles bio und nachhaltig! Und wer sich über den schier unaussprechlichen Namen wundert, *paddenstoelenkwekerij*, der bedeutet einfach nur Pilzzucht. Denn *paddenstoelen*, wörtlich übersetzt: ›Stühle für Kröten‹ (!), sind nichts weiter als Pilze.

Hoornderweg 16 (1,8 km von Den Burg-Zentrum entfernt),http://texelsepaddestoelenkwekerij.nl (auch Rezepte); Verkauf hier oder über Natuurwinkel Ekoplaza in Den Burg, Hogerstraat 15, Mo–Sa

sehen. Und wer's kann: Im Winter lässt sich in diesem Sumpfgebiet sehr gut – und schnell! – Schlittschuh laufen.

Wandern & Radeln

Eine 5,5 km lange **ausgeschilderte Wanderroute** (nur außerhalb der Brutzeiten vom 1. Juli bis 1. April zugänglich) führt durch das Gebiet. Ein weiterer, nur 2 km langer, teils unbefestigter **Naturpfad** ist ganzjährig begehbar (Startpunkt: das neue Naturzentrum De Marel, Nieuwlanderweg 38 c, mit Café und gut ausgestattetem Shop, Download der Route: www.natuurmonumenten.nl/routes/route-app). Während der Brutzeit sind **geführte Wanderungen** mit dem *boswachter*, dem Förster, buchbar (über Ecomare, www.ecomare.nl, oder www.boswachtersblog.nl). Das **Waal en Burgerdijkje** ist eine der schönsten Radrouten der Insel; es führt von De Waal (über den Burgerdijk) bis zu den Dünen von De Koog.

Startpunkte der Wanderung (5,5 km): Zaandammerdijk, Westerboersweg, Nieuwlanderweg; Radtour: www.komoot.com/nl-nl/highlight/1873777

INFOS

Bus: mit dem Texelhopper (▸ S. 115) bis zu Haltestelle 131 oder 133

De Waal 🕮 E 7

Das kleinste Dorf der Insel (ca. 400 Einw.) ist ein Schmuckkästchen und nach wie vor agrarisch geprägt: Schöne Bauerngehöfte säumen die wenigen Straßen, die üppig mit Blumen geschmückt sind. De Waal schaut weit aus dem Umland heraus, da es einst (11./12. Jh.) wie Den Burg, Oosterend und Den Hoorn zum Schutz vor dem Meer auf einem Erdhügel erbaut wurde. Damals war es eine nur über einen Damm mit dem Festland verbundene Insel. Einst schlugen hier die Wellen des Wattenmeers kraftvoll an – heute kaum mehr vorstellbar, denn der Ort liegt ruhig und idyllisch, er scheint fast ein wenig aus der Zeit gefallen.

Vom Fischer und seiner Frau

Man mag heute tatsächlich kaum glauben, dass De Waal bis 1613 am Meer lag. Doch die Trockenlegung des Polders Waal en Burg setzte unter diesen Teil der Dorfgeschichte einen Schlussstrich. Schon seit dem 12. Jh. waren die Waalder in der Bucht oder auf der Nordsee unterwegs gewesen. Einige arbeiteten als Fischer und Bauern zugleich und waren recht wohlhabend. Im Dorf wohnten neben den Fischern auch Kapitäne, Steuermänner und Matrosen, die Monate oder gar Jahre auf große Fahrt gingen, sowie Skipper von kleineren Frachtern und im 18. Jh. auch Kommandeure der großen Walfangflotten. Der Hafen übrigens lag bis ins 17. Jh. am Ende des heutigen **Bomendieks.** Zu sehen ist davon ... nichts!

Begehrtes Gut

Die Waalder Bauern waren überwiegend Schafzüchter, Milchvieh wurde nur zum eigenen Gebrauch gehalten. Der Schafskäse, den sie produzierten, war schon damals ausgesprochen beliebt: Deutsche, Engländer und Franzosen nahmen ihnen ab, was sie bekommen konnten.

Bauer sein anno dunnemals

Anziehungspunkt im Ort ist das liebevoll in zwei traditionellen *stolp*-Bauernhöfen nahe der Kirche eingerichtete **Museum Waelstee,** das Einblick in das ländliche Leben um ca. 1900 gibt. Ausstellungsstücke wie landwirtschaftliches Gerät und Werkzeug sowie alte Fuhrwerke helfen bei der Wissensvermittlung. Wie wurden um 1900 Butter oder Käse gemacht? Wie lebte eine Bauernfamilie vor rund 100 Jahren? Was tat sich damals in einer Schmiede? Und besonders spannend: Welche Rolle spielte die Frau in der damaligen Bauernfamilie? Welche Funktion kam ihr innerhalb der Familie zu? Was trug sie zum Auskommen bei? Im sehr hübschen Innenhof des Museums ist übrigens zu sehen, wie man einen Zaunwall errichtete – was gar nicht ohne war!

Hogereind 6, www.cultuurmuseumtexel.nl/de, Ende Feb.–Ende Okt. Di–So, Vorführungen in der alten Schmiede (die einst am Nieuwlanderweg/Kreuzung Pontweg stand)
Di, Mi 14–16 Uhr

Wie Phönix aus der Asche

Die **reformierte Kirche** entstand erst 1952 – die alte Kirche war beim sog. Russenaufstand (Aufstand der Georgier, ▸ S. 4) komplett abgebrannt. Beim Bau des schlichten, aber auffälligen achteckigen Gotteshauses stieß man auf die Fundamente des mittelalterlichen Vorgängerbaus. Ein Baustopp ließ das Gotteshaus lange Jahre ohne Kirchturm, der kam erst 1961 hinzu. Dafür ist er umso auffallender – auch er ist achteckig. Hervorragende Akustik!

Hogereind 2, demtex.nl/de-waal, ausgezeichnete Orgelkonzerte, Infos: www.kerkpleintexel.nl/zomerkerk/zomeravondconcerten

Tanzende Kobolde

De Waal hat es mit den **Sommeltjes:** kleine Kobolde, die ihr Aussehen verändern können und bei Mondlicht tanzen. Ein Denkmal an der Kirche erinnert an die Kerlchen.

Zur schönen Aussicht

Place de Bellevue steht auf einem Straßenschild am Friedhof. De Bellevue – zur schönen Aussicht? Früher stand hier ein Café gleichen Namens, wo die Waalder nach getaner Arbeit ihren Durst löschten. In den Boden eingelassene Steine erinnern an diesen besonderen ›Rastplatz‹. Heute müssen dem Durstigen Wasserpumpe und Bank genügen.

Bestnoten fürs Essen

Hotel Brasserie Rebecca

Sehr hübscher, gemütlich eingerichteter friesischer Bauernhof mit 17 eher einfach, aber charmant eingerichteten Zimmern mitten im Dorf (sehr unterschiedlich groß), die aber alle über Dusche/Bad,

Eine der festen Ausstellungen im Museum Waelstee widmet sich der Hochwasserkatatstrophe, die die Niederlande 1953 heimsuchte und die im ganzen Land mehr als 1800 Tote forderte, die meisten davon in Zeeland. Doch auch auf Texel starben Menschen, sechs freiwillige Helfer, fünf davon aus De Waal. Das Museum dokumentiert die schrecklichen Ereignisse der Nacht vom 31. Januar auf den 1. Februar.

Durchdacht! Die abgeschrägte Seite der rund 70 Schafscheunen auf Texel weist stets nach Westen, damit der meist aus dieser Richtung wehende Wind über sie hinweggehen kann, während der Giebel mit der Heuluke windgeschützt im Osten liegt.

WC, Terrasse und Garten bzw. Veranda verfügen. Ein üppiges Frühstücksbüffet verwöhnt die Hotelgäste am Morgen. Die beiden Brüder Melvin und Leon van Sambeek kreieren aus qualitativ hochwertigen Produkten der Insel eine raffiniert zubereitete Saisonküche, die über die Grenzen der Insel hinaus bekannt ist. Gastlichkeit genießt in Hotel und Restaurant oberste Priorität.

Hogereind 39, www.rebeccatexel.com/de, DZ/F & Suite/F €€, EZ €, div. Arrangements & Packages, Küche Mo geschl., €–€€, Überraschungsmenüs (3-, 4-, 5- und 6 Gänge) €€

Schlafen wie am Strand

Hotel De Waal

Bei der liebevollen, hellen und freundlichen Einrichtung der 16 Zimmer steht das Thema ›Strand‹ zentral. Maarten und Belinda scheinen gerne *jutten* zu gehen, vieles ist aus Strandfunden gemacht. (P. S.: Maarten nimmt Gäste mit zum ›Strandräubern‹ ans Meer!) Alle Zimmer (unterschiedlich groß) besitzen Boxspringbetten und Dusche/Bad. Das ausgezeichnete, reichhaltige Frühstücksbuffet, die geschützten Terrassen, die Lounge mit offenem Kamin, der Schönheitssalon und ab und zu Livemusik (auch mit Gastfrau Belinda!) runden das Angebot ab.

Hogereind 28, T 0222 31 32 82, www.hoteldewaal.nl/de, Zimmer und Suiten (4 Pers.) €€/F (mind. 2 Nächte)

Nicht nur für Früchtchen

Tenthuis Boomgard

Als Paradies zwischen Apfel- und Birnbäumen – so präsentiert sich das zweite

›Tenthuis‹ von Eva und Roland, eine Art Blockhütte, auf dem Früchtehof von Kees Keijser (▶ unten). Wer immer schon mal vom einfachen Leben auf dem Land geträumt hat, ist hier gut aufgehoben. Sollten die Nächte noch kühl sein, wird der Kanonenofen angeheizt, sonst lockt die Sitzecke draußen mit Blick in die Obstbäume. Witzig: Es gibt ein separates Klohäuschen mit Herz in der Tür. Das zweite ›Tiny House‹ der Familie steht übrigens am Dorfrand von Den Burg (▶ S. 28).

Molenbuurt 3 (bei Fruitbedrijf Molenbuurt), https://tenthuistexel.weebly.com, Wochenende 2 Pers. €€, Kind ab 18 €, auch länger (dann günstiger) zu mieten

De Koffie is klaar!

Brasserie Rebecca

Das Hotel-Restaurant (▶ S. 39) ist auch für seine *appeltaart* bekannt.

Zufallssämlinge & Co.

Fruitbedrijf Molenbuurt

Es beschleicht einen das Gefühl, Obstbauer Kees Keijser kenne jeden einzelnen seiner Obstbäume, und er findet auch, zu jedem Menschen passe ein besonderer Apfel. Oder war es umgekehrt? Neben Apfelbäumen wachsen auf seinem Hof auch Mandel- und Birnbäume. An einigen Herbsttagen ist Selbstpflücken für wenig Geld angesagt. Sehr lecker ist der Apfelsaft (Appelsap van Keijser), ein ›Specialmix‹ aus 20 Sorten, darunter Goldrenette, James Grieve und Lombarts Calville.

Molenbuurt 3, auf Facebook, Mo, Mi–Sa, im Winter nur Fr, Sa

Radfahren

Der VVV in Den Burg (Touristinformation; ▶ S. 33) hat eine ca. 20 km lange **Rundtour ab De Waal** über Oosterend, Oost und den Wattendeich zusammengestellt. Einem Abschnitt dieser Strecke folgt auch die mit 40 km deutlich längere **Route zu den Verdwenen Haventjes,** zu den verschwundenen Häfen Texels: Oosterend und Den Hoorn teilen dieses Schicksal mit De Waal. Die Route lässt sich an einigen Stellen abkürzen.

www.delieuw.nl/wandelroutes/verdwenen-haventjes-fietsroute.html

Wandern

Der 3 km lange **Sommelpaadje** ist ein schöner Wanderweg durch den ältesten Teil der Insel, vornehmlich über Ackerland und vorbei an Zaunwällen und Schafweiden. Die tiefer gelegenen Feuchtgebiete sind ein Paradies für Wiesenvögel wie Grutto und Austernfischer. Am Wegesrand trifft man jedoch auch auf ganz andere Gesellen: Sommeltjes – und noch dazu alle versteinert! Sie konnten sich wohl nicht schnell genug vor dem Sonnenlicht in Deckung bringen.

www.delieuw.nl/wandelroutes/sommelpaadje.html

Infos und Termine

Online-Infos: www.dewaaltexel.nl (in niederländischer Sprache)

Bus: mit dem Kleinbus Texelhopper (▶ S. 33).

Halve Marathon De Waal: ein Sa Anfang März, www.halvemarathondewaaltexel.nl. Ein Klassiker auf der Watteninsel ist der Halbmarathon in ländlicher Umgebung; Strecken von 10,5 und 21,1 km, außerdem ein 5-km-Lauf. Tradition hat auch der Kidsrun.

Waalderweekend: Himmelfahrtswochenende (Mi–So), auf www.dewaaltexel.nl/nieuws, Kontakt waalderweekend@gmail.com. Auf dem Camping de Texelaar (www.campingdetexelaar.nl) treffen sich die Waalder und alle, die sich als Waalder fühlen und Lust auf dieses Event haben, zum gemeinsamen Zelten, *borrelen* und Austausch. Mit attraktivem Festprogramm. Anmeldung und Infos über die Mailadresse bzw. über Whatsapp (Samantha, T 31 6 11 86 48 05).

Sompop: Sa Anfang Juli, www.facebook.com/SomPopTX. Das Popfest, das seinen Namen den netten Trollen, den Sommeltjes, entlehnt hat – wer weiß, vielleicht sieht man sie ja nachts mittanzen –, ist ausgesprochen beliebt. Vermutlich weil es hier so mega entspannt zugeht. Die Bands sind Newcomer in den Niederlanden oder bereits bekannte Namen. Der Zugang ist gratis.

Der Südwesten

Kilometerlang, breit, feinsandig, fast weiß – das sind Texels Traumstrände. Mehr als die Hälfte der 30 km langen Sandstrände liegt im Südwesten der Insel bei den Dörfern Den Hoorn und De Koog, die unterschiedlicher nicht sein könnten. Je länger der Weg zum Strand, desto ruhiger ist es dort. Kilometerweit ist die riesige Sandfläche von De Hors ganz im Süden, hier ist man auch schon mal ganz allein. Ganz anders als im einzigen Badeort der Insel, De Koog. Er liegt direkt am Meer und es herrscht reges Treiben bis spät in die Nacht. Gut, dass flüchten kann, wer mag: in die langen Dünenketten des Nationalparks De Duinen van Texel, ins großzügige Waldgebiet De Dennen oder zu den Dünenseen im Süden.

Noorderhaaks

A 12

Die Einheimischen nennen die kahle, unberührte Sandplatte nur ›De Razende Bol‹, die rasende Kugel. Ein merkwürdiger Name. Bedenkt man jedoch, dass sich die ›Kugel‹ vor der Südspitze Texels Jahr für Jahr gut 100 m an die Insel heranpirscht, bekommt ›rasend‹ plötzlich eine ganz andere Dimension!

Wandernde Watteninsel

Nur bei schweren Stürmen steht die Sandbank unter Wasser, sonst fläzt sie sich lässig in der Sonne. Sie ist den Gezeitenströmen zwischen Meer und Insel geschuldet: Hier stößt das Wasser aus dem Wattenmeer bei Ebbe auf die steigende Flut aus der Nordsee. Mit dem Resultat, dass sich beide Strömungen aufheben und der Sand sich im Wasser absetzt. Ein Glück für Seehunde, Kegelrobben und Zwergseeschwalben, die hier ein Zuhause gefunden haben. Noch haben sie es relativ ruhig, die ›Seehundboote‹ (▶ S. 108) stellen den Motor aus und legen selten an. Sollte die Sandbank aber an Texel andocken, dürfte sich das ändern.

Östl. Teil vom 15. Mai bis 1. November gesperrt

Den Hoorn

C 9/10, Cityplan S. 46

Man sieht es Den Hoorn so gar nicht an, aber einst verließen seine Bewohner das Dorf scharenweise, weshalb seine charakteristische Kirche heute auch nicht innerhalb,

Kunstdorf – Dorfkunst. Das Herumschlendern in Den Hoorn gleicht einer Schnitzeljagd, bei der man immer wieder Kunstwerke auf Wand, Boden und Plätzen findet. So wie dieses ironische Zitat: »aus welcher (Richtung) der Wind weht«.

sondern außerhalb des Ortes steht. Aber dazu später mehr. Das südlichste Dorf der Insel liegt mit Oosterend im Wettstreit um den Titel des schönsten Dorfs von Texel. Gute Chancen zu gewinnen, hat der heitere Ort mit den hübschen Sträßchen und dem üppigen Blumenschmuck vor den detailgetreu hergerichteten alten Häusern mit den typischen Giebelgesimsen allemal.

WAS TUN IN DEN HOORN?

Labsal für die Seele

Der Ortskern der heute knapp 500 Einwohner zählenden Gemeinde ist dann auch als ›Beschermd Dorpsgezicht‹ mit zahlreichen Gemeinde- und Reichsdenkmälern geschützt. Zudem liegt Den Hoorn nicht weit von einem der schönsten Strände Texels und im Zentrum der texelschen ›Bollenkamer‹. Von Ende März bis in den Mai gleicht die Umgebung einem Blumenmeer: Dann stehen die Tulpen- und Narzissenfelder in Blüte – und mittendrin Den Hoorn. Die knalligen geometrischen Farbflächen lassen an Piet Mondrian denken, auch wenn der Maler nie hier war, so weit bekannt ist.

Kunst und Kultur am Klif

Der Tourismus hat in Den Hoorn längst Einzug gehalten, doch auf eine angenehme, langsame, gemütliche Art. Der Ort wirkt stets relaxed, und die Hoornder scheinen immer Zeit für einen kleinen Schnack zu haben. Ihre Freundlichkeit ist auffällig – und wohltuend. Und sind die Ausflügler am späten Nachmittag abgezogen, kehrt wieder Ruhe auf **'t Klif** und in der **Herenstraat** ein, wo das Dorf 1398 entstand. Es ist nach wie vor ein Tipp für Ruheliebende, die überdies eine Schwäche für kulinarische Genüsse haben. Darüber hinaus hat sich Den Hoorn im letzten Jahrzehnt den Ruf des Kulturdorfs auf Texel erarbeitet, in dem viele Künstler leben und arbeiten.

Jeder kennt das Spiel ›Schiffe versenken‹ – dass dabei jemand freiwillig sein Schiff versenkt, ist nicht eingeplant. Genau das tat ein Kapitän während des Zweiten Weltkriegs im IJsselmeer. An Bord mehr als 200 Kirchenglocken, die die deutschen Besatzer beschlagnahmt hatten und einschmelzen lassen wollten. Die Glocken waren wegen der Bronze kriegswichtiges Material. Doch die Deutschen hatten die Rechnung ohne den Seemann gemacht. Erst nach Kriegsende konnte die versunkene Fracht geborgen werden – darunter auch die Glocke aus Den Hoorn, die heute noch immer im Turm hängt.

Kitsch-Fotoshooting

Das Wahrzeichen Den Hoorns ist die weithin sichtbare **Kirche** 1 mit schlankem weißem Turm. Sie ist besonders im Frühling ein beliebtes Fotomotiv, wenn ringsum Narzissen und Tulpen blühen, ein für die Insel wichtiger Wirtschaftszweig. Bis ins 19. Jh. lag das kleine Gotteshaus im Zentrum des südlichsten Inseldorfs. Als die im 17. Jh. boomenden Erwerbsquellen – Schiffelotsen, Fischerei, Seefahrt – den Dorfbewohnern kein Auskommen mehr boten, verließen viele Familien Den Hoorn, die Häuser verfielen und wurden schließlich abgerissen. Die Kirche stand nun nicht mehr im, sondern vor dem Ort. So liegt denn auch der Eingang vom Dorf abgewandt. Die drei Scheinwerfer auf der Balustrade des Kirchturms erinnern daran, dass die Kirche den Seeleuten schon seit mehr als vier Jahrhunderten als Barke dient: Bis heute weisen die Lichter allabendlich den Weg durch das Marsdiep zwischen Texel und dem Festland.

Kerkstraat 5, demtex.nl/den-hoorn, Gottesdienste: www.kerkpleintexel.nl, Besichtigung: Mi 11–16, Do 13–16 Uhr, weitere Termine angeschlagen, Orgelkonzerte mit klassischer und neuer Musik

DEN HOORN

Sehenswert
1 Kirche
2 Dorpshuis De Waldhoorn
3 Museum 't Walvisvaarders Huisje
4 »uit welke de wind waait«
5 Vloedpaal
6 Galerie Klif Art
7 Huis De Vermanning

In fremden Betten
1 Bij Jef
2 Hotel op Diek
3 Hotel B&B Loodsmans Welvaren
4 Klif 1 B&B
5 Texel Yurts

Satt & glücklich
1 Restaurant Klif 23
2 Inn de Knip – Eeterij en Drinkerij
3 Restaurant BOSQ
4 Strandpaviljoen Paal 9 mit Surf Center Paal 9

Stöbern & entdecken
1 Rommelmarkt
2 De Boekenschuur
3 De Bonte Belevenis
4 WaddenWier
5 Hoeve Vrij en Blij
6 Novalishoeve

Wenn die Nacht beginnt
1 Theater & Restaurant De Toegift @Klif 12
2 Restaurant Het Kompas & The Scotch Whisky Bar

Sport & Aktivitäten
1 Vermeulen Bikes
2 Strand & FKK-Strand
3 Yoga & Qigong am Strand
4 Schlittschuhbahn Grote Vlak

Seemanns-Schicksal
Auf dem **Friedhof** liegen viele Fischer und Seeleute begraben, schließlich lag Den Hoorn im Südosten bis Ende des 14. Jh. am Wasser. Hier findet sich auch das *graf drenkeling*, das **Grab des Ertrunkenen:** Nur 18 Jahre wurde Werner Brüning aus dem deutschen Arnsberg alt, dann kenterte das Schiff, auf dem er angeheuert hatte. Am 4. Januar 1911 wurde seine Leiche bei Paal 9 angespült. Ob seine Eltern im fernen Sauerland jemals erfahren haben, wo ihr Sohn begraben liegt? Der Grabstein verrät es nicht.

Übers Rückgrat zur Idylle
Jetzt aber wirklich ins Dorf. Links noch schnell ein Blick in die Straße **Hoge Achterom,** ein alter, hoher Deich, von der man eine wunderbare Aussicht über die Blumenfelder und Weiden im Norden des Dorfs hat. Und dann ist mit der **Herenstraat** eine der ältesten und von jeher wohlhabendsten Straßen Den Hoorns erreicht. Auf dem Geschiebelehmhügel entstand mit den heutigen Straßen Herenstraat und 't Klif einst das Rückgrat des Dorfs. Mehrere stilecht restaurierte **Lotsen- und Kommandeurshäuser** mit schönen Giebeln erinnern in der

Herenstraat (6, 12, 14, 50, 60) an die ehedem hier ansässigen Lotsen und Walfänger. Schauen Sie mal genauer in die Fenster, in vielen hängt zur Erinnerung an den 600. Jahrestag Den Hoorns im Jahr 2015 noch die **Gedenkpalette** mit Kirchturm. Und achten Sie auch auf die zahlreichen Infotafeln, die in Form eines *ankertjes*, eines Ankers, an den Hauswänden der historischen Häuser hängen.

Wissen leicht gemacht

So steht etwa bei der **Herenstraat Nummer 19**: »Lotsenhaus mit hölzernem Giebel mit Fenster. Einfache Unterkunft für Seeleute mit bescheidenem Einkommen. Später Arbeiterhaus.« Und wenige Meter weiter, beim **Huis De Roeispaan** (Nr. 38), verrät die Tafel, dass das Haus von 60 ›gejutteten‹ Rudern *(roeispanen)* getragen wird. Beeindruckend, aber auch ganz typisch für Texel: Viele Häuser sind aus Strandfunden errichtet, aus Planken und aus Rudern. Ganze Dächer sind aus Schiffsmasten gebaut. Die Hoornder Infotafeln führen wie eine Art Spickzettel kreuz und quer durch den Ort, über den man so viel lernt. Ein wenig Niederländisch ist nicht schlecht, aber das meiste erschließt sich auch so.

Kunst-Griff

Zahlreich sind die Kunstwerke im Ort, viele von ihnen Hinterlassenschaften des Klifhanger-Festivals. Eines davon, das **»Juttertje«,** steht am **Dorpshuis De Waldhoorn** 2. In Outdoor-Kleidung 1.0 – Südwester, Regenjacke mit hochgeschlagenem Kragen und Schaftstiefeln – trägt der Strandräuber eine Schiffsplanke davon, der Blick unruhig, ängstlich. Das *jutten* war seinerzeit kein Spaß, sondern lebensnotwendig (▶ S. 100) und nicht ungefährlich.

Herenstraat 30

Woher weht der Wind?

Vorbei am **Museum 't Walvisvaarders Huisje** 3 (▶ S. 50) ist 't Klif erreicht, an das früher die Nordseewellen schlugen und in dem heute zwei beliebte Restaurants liegen: **Klif 23** 1 und **Klif 12** 1, beide mit schöner Terrasse. Hier scheiden sich die Geister: Das ›Streetlife‹ von Den Hoorn hat man bei Klif 12 eindeutig besser im Blick, dafür punktet Klif 23 mit weiter Aussicht auf Felder und Dünen. Ein Überbleibsel vom Klifhanger-Festival 2011 wartet am Klif 4: Über Eck verläuft der Schriftzug **»uit welke de wind waait«** 4. Die Windrichtung war für die Seeleute natürlich stets von essenzieller Bedeutung, bei den großen Überfahrten und auch beim Lotsen.

Wo das Wasser stand

Dort, wo 't Klif auf Hoge Achterom trifft, markiert ein **Vloedpaal** 5, wie weit das Wasser einst kam. Er ist einer von mehreren auf der Insel und kennzeichnet den ältesten und höchsten Stand der Nordsee, den von 1290. Wer etwas Zeit hat: Unbedingt über den Deich **Hoge Achterom** zur Kirche schlendern. Links die Schafweiden, rechts das Dorf – ein zeitloses Bild. Früher bot der Deich indes Sicherheit vor dem anströmenden Wasser.

Neben der Fischerei waren die Hoornder früher vor allem in der Landwirtschaft und der Viehzucht tätig. Bis sie im 17. Jh. einen ganz neuen Beruf für sich entdeckten, den des Lotsen. Im ›Goldenen‹ Jahrhundert stiegen die Niederlande zur führenden Handelsmacht auf und die großen Handeslrouten führten durch Marsdiep (bei Texel) und Vliestroom. Nutznießer waren auch die Hoornder. Erfuhren sie von einem neuen Schiff, dann stürmten die Männer nach dem Motto ›Wer zuerst kommt, lotst zuerst‹ davon. Das Ende dieser Einkommensquelle markierten der Bau von Noordholland- und Noordseekanal im 19. Jh. und das Einführen eines staatlichen Lotsendienstes.

Unterm Sternenhimmel – **abends in Den Hoorn**

Je nachdem, wen man fragt, ist Den Hoorn der hübscheste oder zumindest zweithübscheste Ort der Insel. Es genießt nicht nur einen guten Ruf als ›Kreativ- und Kulturdorf‹, auch in kulinarischer Hinsicht geht es hier ab. Der Stern von Jef ist schon legendär, doch seine Gerichte erfindet er immer wieder neu. Alles andere als langweilig ist auch das Theater-Restaurant De Toegift – Zugabe bitte. Und darauf einen Whisky bei Het Kompass. Einen von 3000 …

Jef Schuur lässt sich in seiner Kreativität nicht einschränken, auch nicht durch den Michelin-Stern. Er macht alles mit Liebe und so, wie es ihm gefällt. Sie können übrigens einen Blick in seinen beeindruckenden Gemüsegarten hinter dem Restaurant tun. Den hätte wohl jede und jeder gerne zu Hause!

Auch **Bij Jef** 1 hängt ein *ankertje,* eine der Hoornder Infotafeln, am Haus. Es verrät, dass hier um 1830 der Dorf-Ausrufer und danach das Pfarrhaus untergebracht waren. Nach 1930 logierte hier ein Hotel mit dem schönen Namen Happy Days. Ob das eine Verheißung ist? Nichts wie rein!

Happy Days

Modern, klar und elegant ist die Einrichtung, warm und herzlich der Empfang. Der Chef bringt die Karte persönlich an den Tisch. Wir starten mit einem Glas Champagner und den Amuse Gueules aufs Haus: Die *verwennerij* – wörtlich: das Verwöhnen – kann beginnen. Es folgt eine kulinarische Reise über die Insel: Austern und Herzmuscheln, Kabeljau und Seezunge, Lamm und Rind, Spargel und Erdbeeren, Käse und nochmals Käse. Begleitet von ausgezeichneten Weinen, serviert von Jefs Frau, Sommelière Nadine.

Jefs Gerichte sind eigensinnig, sie suchen ihresgleichen. Er kocht kreativ und modern, doch auf Basis einer klassischen französischen Küche. Und mit lokalen Produkten, das ist ihm wichtig. »Wir kaufen bei kleinen, lokalen Anbietern. Ich zahle lieber etwas mehr und kann dann sicher sein, dass meine Lieferanten im nächsten Jahr auch noch da sind! Und die Qualität ist stets ausgezeichnet.« Dass auch bei ihm die Qualität stimmt, lässt er sich jedes Jahr von den Michelin-Testern bestätigen.

Da heißt es: »Produkte von ausgesuchter Qualität, unverkennbare Finesse auf dem Teller, auf den Punkt gebrachter Geschmack, ein konstant hohes Niveau bei der Zubereitung.« Oh happy day!

Zugabe!

Auch der Samstag könnte zu einem glücklichen Tag werden, und zwar im **Theater & Restaurant De Toegift @Klif 12** 1 (Die Zugabe) bei einem bunten Programm. Dazu gibt es ein Drei-Gänge-Menü. Die Bedienung und die Chefs des Lokals bieten Kleinkunst vom Feinsten. Es wird gesungen und getanzt, und auch wer kein Niederländisch versteht, ist von den herzlichen, engagierten Kellnern, pardon: Künstlern, schnell begeistert. Ach ja, das Essen ist super lecker und wird *zwischen* den Aufführungen serviert.

Das Glück liegt in der Flasche

Wer **Het Kompas** 2 besucht, sollte ZEIT mitbringen. Zeit, um die unterschiedlichen Karten, u. a. eine eigene Musikkarte, zu studieren, Zeit für die Whiskys (etwa 3000!) und für Els und Willem, das Besitzer-Ehepaar – und auch für Els' ausgezeichnete Slow-Food-Küche. Willem weiß so viel über seine Lieblinge, allen voran die Single Malt Whiskys, zu berichten, dass man bei ihm schon mal versackt. Und sich später auf der Straße wünscht, es gäbe den Dorfausrufer noch oder wenigstens den Nachtwächter, der einem heimleuchtet.

Nicht nur nachts ist auf den Straßen von Den Hoorn was los – diese drei Musiker greifen beim sommerlichen Straßenfest in die Saiten.

INFOS/ÖFFNUNGSZEITEN

Bij Jef 1: Herenstraat 34, www.bijjef.nl, Mi–Sa Empfang zwischen 18.30 und 19 Uhr, €€€, 7-Gänge-Menü 155 € (ohne Wein), ► S. 51

De Toegift @Klif 12 1: Klif 12, www.detoegift.com, Do–So ab 10 Uhr, €–€€, Theater-Dinner (meist) Sa ab 19 Uhr, div. Kleinkunstveranstaltungen, ► S. 56

Het Kompas 2: Herenstraat 7, www.whiskybarplaza.nl, Mi–Mo ab 16 Uhr, €€€, unbedingt reservieren – es gibt nur sechs Tische, ausgezeichnete toskanische Weine, Drinks können an der Bar genommen werden, ► S. 56

Faltplan: C 9 | **Cityplan:** S. 46

MUSEEN, DIE SICH LOHNEN

Jagd auf die Riesen

Eine gute Heuer muss Klaas Jacobsz Daalder bekommen haben, sonst hätte sich der Seemann das Haus in der Herenstraat 49 und die für das 18. Jh. spektakuläre Inneneinrichtung nicht leisten können. Klaas, der schon als kleiner Bub zur See gefahren war, verdiente gute Gulden beim Walfang. In der ehemaligen Kommandeurswohnung ist heute das kleine **Museum 't Walvisvaarders Huisje** 3 untergebracht. Das Besondere hier: Es wurde so gut wie nichts verändert. Fast erwartet man, dass Klaas und seine Familie gleich zur Tür reinkommen, bestaunt den Rauchfang in der Küche, die schönen Harlinger Fliesen, die Petroleumlampe und wundert sich, wo denn das Badezimmer wohl eigentlich ist. Eine kleine Ausstellung zum Walfang bringt den Besuchern auch den Alltag des Hausherrn auf See näher.

Klaas lebte zur Blütezeit des niederländischen Walfangs (ca. 1650 bis 1800). Um 1720, neun Jahre bevor der Hoornder sein Haus kaufen sollte, fuhren rund 250 Walfänger aus den Niederlanden Richtung Nordpol, viele stammten wie Klaas von den Watteninseln. Anfang April stachen die Schiffe gen Spitzbergen oder Grönland in See. Sobald die Walfänger voll beladen waren – nach einigen Wochen, wenn der Fang gut lief, spätestens aber im Spätsommer –, kehrten sie in die Heimathäfen zurück. Die Besatzungsmitglieder waren ihrem Dienstgrad entsprechend am Fang beteiligt. Die Wintermonate verbrachten die Seeleute dann mehr oder minder gut entlohnt bei ihren Familien.

Herenstraat 49, www.walvisvaardershuisjetexel.nl/de, Mai–Ende Okt. Mo 14, 15, 16 Uhr Führungen (ca. 45 Min.), Spende von 3 € erbeten, vorherige Buchung ▸ Website (über VVV), nicht barrierefrei

Schwerpunkt Texel

Eine Institution im Klif ist die **Galerie Klif Art** 6: In der Daueraustellung sind neben Bronzefiguren Murano-Glas, afrikanische Gebrauchsgegenstände und Kunst (tolle Masken!) ausgestellt. Viel Raum wird texelschen Künstlern (u. a. Souwtje de Wijn, AD Blok v. d. Velden, Toon de Haas) eingeräumt, ergänzt durch eine Auswahl an niederländischen Künstlern und Wechselausstellungen.

Klif 27, klifart.kunstmodule.nl, April–Okt. Do–So 13–17 Uhr und n. V., in der übrigen Zeit nur n. V.

Ab in die Flasche

Henk Noorlander hat ein ›Institut zur Beförderung von Flaschenpost übers Meer‹ gegründet, wie das Schild an der Hauswand von **De Vermanning** 7 (1660) verrät. Er nutzt die alte mennonitische *schuilkerk* (Geheimkirche), in der noch die Kanzel steht, als Atelier und gewährt auch anderen Künstlern Raum auszustellen. Der Künstler hat Hunderte Vorstudien seiner Zeichnungen und Bilder in Flaschen gesteckt und mit der Bitte, sich zu melden, im Meer versenkt. Sein Ziel? Er wollte Kontakt zu Menschen aus der ganzen Welt aufnehmen und seine Kunst weiterverbreiten. Auch der texelsche *jutter* Paul Dekker kann eine der Kunst-Flaschen sein Eigen nennen. Aber keine Angst, die anderen Flaschen haben es weiter geschafft! Die steinernen Skulpturen von **»Ceres und Neptun«** im traumhaften Garten stammen aus dem 18. Jh. und zierten einst Haus Brakenstein am Hoge Berg bei Den Burg. Ceres, Göttin des Ackerbaus, und der Meeresgott Neptun symbolisieren Land und Meer, die Nahrungsquellen der Insel.

Diek 11 A (im Hinterhof), kein Telefon, keine festen Öffnungszeiten – ist der Künstler da, kann man reinschauen; er ist im Sommer auch immer beim Festival ›Lange Juni‹ dabei (www.texelcultuureiland.nl); Zugang zur Kirche über ein kleines, verstecktes Tor, dann nach hinten durchgehen

Steinewerfer

Pfingsten 2007 war's, und es fing ganz klein in den Dorfhäusern an: das Festival **Klifhanger,** eine Kunstroute mit 35 Exponaten im und rund um das Dorf (▸ S. 57). Das Festival wuchs, die Zahl der Kunstwerke und Besucher auch. Schon bald stellte man einen ganzen Monat aus und die Kunst wanderte auf die Straße. Etliche Kunstwerke blieben und verschönern heute den Ort, etwa der »**Zwerfstien«** von Lenie van 't Noordende von 2011. Dieser ›Findling‹, so die Übersetzung, bildet die Entstehungsgeschichte von Südtexel ab. *Stien* übrigens ist Dialekt und bedeutet Stein. Die Bewohner von Den Hoorn wurden auch *stienpikkers* genannt – also Leute, die Steine mitgehen lassen –, angeblich, weil die Dorfjungen mit Steinen auf die Konkurrenten zielten, die ihnen ›ihre‹ Mädchen wegnehmen wollten.

›Driesprong‹ Hoornderweg, Diek, Kleiweg

SCHLEMMEN, SHOPPEN, SCHLAFEN

In fremden Betten

(Luxus-)Paradies auf Erden
Bij Jef 1

Lasst die Spiele, pardon: die *verwennerij* (wörtl.: das ›Verwöhnen‹) beginnen! Im alten Pfarrhaus im Dorfkern wurde ein kleines, feines Hotel mit modernen, hellen Luxussuiten eingerichtet. Die zwölf individuell designten Suiten sind mit doppelten Regenwaldduschen, Boxspringbetten, Bettdecken aus heimischer Schafwolle und dem einen oder anderen Luxusartikel ausgestattet. Hotelgäste können die Sauna benutzen und beginnen den Tag mit Jefs Hammer-Frühstück – ein Wachmacher! Wer mag, kann abends im Sternerestaurant (▸ S. 51) dinieren, das ebenso wie das Hotel kein Schnäppchen ist. Suiten entweder zu den Schafweiden raus (sehr ruhig) oder zur Dorfstraße.

Adresse etc. ▸ S. 49, www.bijjef.nl/nl-NL/3/hotel.html, €€€/F, z. B. ›Midweek‹-Arrangement mit extrem großzügigen Luxusfrühstück, Champagnerempfang, 5- und 7-Gänge-Menü

Die Hoornder scheinen sehr bemüht, ein fröhliches, heiteres Dorfbild zu schaffen. Und das ist ihnen auch gelungen.

Gastlichkeit GROSSgeschrieben
Hotel Op Diek 2

Jeannette und Sidny geben einem schnell das Gefühl, willkommen zu sein. Das gemütliche Hotel am Dorfrand ist in einem reetgedeckten Bauernhaus mit 23 hellen, schlichten und farbenfrohen Zimmern (gute Betten, Dusche/Badewanne, WC) untergebracht. Einige Zimmer besitzen einen Balkon, wer keinen hat, den versöhnen die große Sonnenterrasse und der Garten hinterm Haus. Das üppige Frühstücksbuffet mit texelschen Produkten wird in der schönen Lounge/Bar serviert, in der es den ganzen Tag gratis sehr guten Kaffee, Tee und Schokolade gibt. In der Bar kann man den Tag auch bei borrel & Bier genießen. Mit Privatsauna (12,50 €).

Diek 10, opdiek.nl, €€/F (–€€€/F), bei einer Buchung über die Website 5 % Ermäßigung

Auf der großzügigen Terrasse von Klif 23 lässt es sich relaxt vor traumhafter Kulisse unterhalten – nicht nur zur Osterglockenzeit ein Genuss!

Nestwärme
Hotel B&B Loodsman's Welvaren 3
Gastfreundlichkeit wird in der mehr als 200 Jahre alten Herberge nahe der Kirche großgeschrieben. Die zwölf geschmackvollen, modern eingerichteten, großen Zimmer für zwei und mehr Personen und das Apartment sind u. a. mit ausgezeichneten Boxspringbetten eingerichtet (Dusche/Badewanne, WC, Kaffeemaschine/Wasserkocher auf dem Zimmer). Die Zimmer unten besitzen einen Balkon nach hinten raus zu Sonnenterrasse und Garten. Das Frühstücksbuffet wird in der Lounge serviert. Wer jetzt noch zögert, den überzeugt das gute Preis-Leistungs-Verhältnis. Mit Sauna (wird zugebucht), Whirlpool und Solarium.

Hoge Achterom 5, www.loodsmans-texel.nl/de, €–€€/F

Nach Hause kommen
Klif 1 B&B 4
Die ausgesprochen freundlichen Besitzer, Marianne und Maarten, geben einem ein wenig das Gefühl, zur Familie zu gehören. Die beiden vermieten in ihrem alten Stolp-Bauernhof vier nicht allzu große heimelige Studios (Boxspringbetten, Dusche, WC) und zwei großzügige Apartments (Achtung: steile Treppe), eines davon mit eigener Terrasse. Das große Plus dieser Unterkunft ist neben dem wunderschönen Garten mit Blick auf die Felder Mariannes Frühstück (köstlich: der selbst gemachte Beerenjoghurt). Wen

wundert's, haben die beiden doch bis 2016 das Restaurant Freya in Den Burg geführt. Ein Glück für die Gäste, dass sie beschlossen haben, sich neu zu orientieren, dafür um die ganze Welt reisten, um dann doch wieder auf Texel zu landen.

Klif 1, www.klif1.nl, €/F, Angebote ▸ Website, Jan., Feb. geschl.

Naturnah im Nationalpark

Texel Yurts 5

Übernachten im Naturschutzgebiet? In einer Jurte? Auf Texel kein Problem! Zu mieten bei Piet und Ina, die selbst viele Jahre in einer Jurte (beim Campingplatz Loodsmansduin) gewohnt haben – und das mit Begeisterung. Die separat gelegenen luxuriösen, großzügigen Jurten sind u. a. mit einer Küchenzeile, einem holzbefeuerten Herd, Hängematte, Gartenstühlen, Picknicktisch und z. T. mit einer Holzterrasse ausgestattet. Ideal für den Familienurlaub, wenn man es sich denn leisten kann, oder für die Hochzeitsreise.

Rommelpot 19, www.texelyurts.nl, Jurten für 2–4 Pers., €€€, Preise auf der Website checken, es kommen noch NK hinzu; Campingplatz: www.texelcampings.nl, auch Wanderhütten €

Satt & glücklich

Unterm Sternenhimmel

Bij Jef 1

Wahre Begeisterungsstürme entfachen die raffinierten Sternegerichte von Jef sowie die ausgezeichneten Weinempfehlungen seiner Partnerin und preisgekrönten Sommelière Nadine (▸ S. 48). Jef selbst bezeichnet seine Küche als »local meets cosmopolitan«. Lokal sind die ausgezeichneten Zutaten, kosmopolitisch die Geschmacksvariationen. Inspirieren lässt er sich auf seinen vielen gastronomischen Auslandsreisen – z. B. von dem gebürtigen indischen Ausnahmekoch Gaggan Anand, der in Bangkok kulinarische Höhenflüge zelebriert – und von den ›Patrons Cuisiniers‹, dem niederländischen Club von 25 Top-Küchenchefs, die lokale Anbieter, ihre Mitarbeiter, Nachhaltigkeit, Qualität und Gesundheit in den Vordergrund all ihres Tuns stellen.

Adresse, Öffnungszeiten, Preise ▸ S. 49

Pfannkuchen-Paradies mit Aussicht

Restaurant Klif 23 1

Die Terrasse des Klif 23 ist unschlagbar. Sie liegt direkt an den (Narzissen-) Feldern und man hat einen uneingeschränkten Blick in die freie Natur. Wer hier sitzt, geht so schnell nicht weg. Muss er auch nicht, denn die Pfannkuchen (125 Variationen!) und die texelschen Lammgerichte (z. B. in Dunkelbier gegarter Lammeintopf!) sind lecker. Nicht verzagen, wenn's mal regnet, drinnen ist es auch nett. Und während es die einen in den Wintergarten zieht, gefällt den anderen vor allem der gemütliche, eher dunkle Gastraum. Ach ja, auf texelsche Produkte setzt man auch hier. Seit Kurzem auch mit einer ausgezeichneten Eisvariation, die dem Werk einer texelschen Künstlerin nachempfunden ist.

Klif 23, www.klif23.nl, Mi–So Küche 12–20 Uhr, Pfannkuchen €, Hauptgerichte €€

Lokal, lustig & lecker

Inn de Knip – Eeterij en Drinkerij 2

Direkt am Dorfplatz gelegen, lockt das *eetcafé* der Familie Vermeulen alle an: Einheimische und Touristen, Wanderer und *fietsers* – kein Wunder bei der großen Sonnenterrasse und dem leckeren bodenständigen Essen wie *belegde broodjes, uitsmijter* (Strammer Max), Texel-Burger, Garnelen mit Knoblauch, Salate. Gestartet wird hier übrigens mit dem Frühstück. Und die *appeltaart* geht immer.

De Naal 2, www.inndeknip.nl, tgl., Küche 10–19.30 Uhr, €–€€

In Szene gesetzt

Restaurant BOSQ 3

Robin, ein Schüler von Jef Schuur, kitzelt mit seinen kulinarischen Überraschungen Gaumen und Auge. Seine Bites sind kreativ und ausgesprochen lecker – egal, ob wilder Seebarsch mit Chorizo in Umami-de-Mar-Sauce, Okonomiyaki (japanischer Pfannkuchen) mit Hummer,

Kewpie-Mayonnaise und Bonito oder Schafskäse-Salzgemüse-Ravioli in Lammbouillon –, was ihm schon diverse Auszeichnungen beschert hat, und kommen bei der ›BOSQ Experience‹ als 4- bis 6-Gänge-Menü auf den Tisch. Auch er schwört auf Inselprodukte. Das BOSQ liegt direkt am Wald De Dennen, und es kehren viele Radler ein – kein Wunder bei der Lage und dem Garten. Viel los ist auch samstags beim Lunch (12.30–16 Uhr). Der Service ist ausgezeichnet.

Bakkenweg 16, www.bosq.nl, Mi–So ab 17.30, Uhr, Bites €, 4-/6-Gänge-Menü/Lunch €€–€€€

Feel free!

Strandpaviljoen Paal 9 ❹

Einer *der* Strandpavillons auf Texel und dass, obwohl er nicht megahip oder sonstwie mega ist. Beim Liebling der Surferszene traut man sich auch barfuß rein und ist willkommen. Draußen locken die schönen, bequemen Loungemöbel und Sitzkissen. Überhaupt die Lage am Meer … Man kann den ganzen Tag dort verbringen. In kulinarischer Hinsicht ist das auch kein Problem, Lunch- und Dinnergerichte überzeugen: von den *belegde broodjes* über Omelettes, Suppen und Salate bis zum Seebarsch oder Lammeintopf. Einmalig ist der vegane Seaweedburger aus Soja und Seetang, der in einem quietschgrünen Algenbrötchen mit Seetangmayonnaise serviert wird. Übrigens: nachhaltig und lokal wirtschaften ist hier angesagt. Eher hochpreisig! Im Juli und August mit Yoga und Qigong am Strand bzw. bei schlechtem Wetter im Strandsaal (Termine ▸ Website bzw. www.inbalansoptexel.nl). Mit Surfcenter, Strandkiosk und Vermietung von Strandhütten etc.

Hoornderslag 8, www.paal9.nl, www.surfcenterpaal9.n,l tgl. ab 10 Uhr, €–€€

Seine Lage am Meer wurde **Paal 9** ❹ einst fast zum Verhängnis. Wer genau hinsieht, bemerkt: Der Pavillon steht ja auf der Höhe von Strandpfahl 10,33!? 30 Jahre stand die Holzhütte bei Paal 9, bis sie 1983 bei Sturm und Hochwasser fast im Meer unterzugehen drohte. Der neue Pavillon wurde wenige 100 m weiter oben an der heutigen Stelle wiederaufgebaut – seitdem bleiben die Füße trocken! Noch. Denn die Wellen und die Strömung knabbern weiter an der Insel. Wie bedrohlich das Meer werden kann, zeigt beim Strandaufgang zu Paal 9 die Flutmarke von 1910.

Stöbern & entdecken

In der Scheune

Rommelmarkt 1

Auf dem Hof von Bauer Axel Lapp findet immer wieder montags etwas ganz Spezielles statt: Hoornder Ehrenamtler öffnen seine Scheunen, verkaufen all den Kram aus den Haushaltsauflösungen, den es hier gibt, betreiben eine Cafeteria mit selbst gebackenen Kuchen (mit den traditionellen Teppichen als Tischdecken) und sortieren all die vielen Sachen vor. Der Erlös dient dem Erhalt der Hoornder Kirche. Wer die familiäre Atmosphäre mag, auf Schnäppchen steht und ein bisschen ›graben‹ mag, ist hier richtig. Die Auswahl ist überwältigend, die Preise auch: ein funkelnagelneues Gesellschaftsspiel für 50 Cent, Gummistiefel für 2 €, ein Kaffeeservice für 5,50 €. Bitte einpacken!

Witteweg 3, jeden Mo 11–16 Uhr

Literaturliebhaber

De Boekenschuur 2

Diese Bücherscheune ist ein ›Zückerchen‹ für alle, die Bücher lieben, insbesondere für Niederländischsprachige. Es gibt aber auch eine kleine Auswahl deutscher Second-Hand-Titel – vom Kinderbuch bis zum Ratgeber. Vom Besitzer sehr hübsch eingerichtet. Die Preise sind fair; das Geld lässt man einfach da.

De Rede 19, üblicherweise tgl. 8–22 Uhr

To do!

De Bonte Belevenis 3

Bont, also bunt, ist hier das Programm und bunt soll das Leben sein. Mit Freude und Fachwissen assistiert man auf dem Landgut beim Bierbrauen, Kerzenziehen, Papierschöpfen, Brotbacken, Seifemachen. 08/15 ist den Machern fremd. Sie sind engagiert, was sich auch darin zeigt, dass sie gehandicapten Menschen Arbeit geben. Weitere Pluspunkte? Spielplatz, Kinderbauernhof, Gemüse- und Kräutergarten, Cafeteria mit sehr leckeren selbstgemachten Süßigkeiten und super Apfelkuchen, Hofladen, Picknickwiese, Cranberrypflanzung. Neben Bier, Likör und Jenever gibt es hier auch Texelse Whisky zu kaufen.

Rommelpot 11, www.landgoeddebontebelevenis.nl, Di–Sa 10–17 Uhr, 2,50 €, größtenteils für Rollstuhlfahrer zugänglich, Führungen durch Brauerei und Brennerei, Workshops, Kurse etc. ▸ Website

100-prozentig versalzen

WaddenWier 4

Marc van Rijsselberghe ist ein Mann mit Visionen. Die Versalzung fruchtbarer Böden steigt weltweit rasant – also drehte der Landwirt den Spieß 2006 um und testet seitdem, welche Gemüse salzresistent sind und welche nicht. Die Kartoffel, die er gezüchtet hat, könnte eine Antwort auf den Hunger in der Welt sein. Natürlich ist der Ertrag auf Texel nicht ausreichend, doch die Forschungen stoßen weltweit auf Interesse. WaddenWier baut auf nachhaltige und umweltfreundliche Art Meeresalgen an Land an. Ende 2020 erhielt Rijsselberghe dafür die Global-Gap-Zertifizierung. Das Superfood gilt übrigens als *das* Lebensmittel der Zukunft. Das Unternehmen baut neben *zeewier* u. a. Salzaster (*lamsoor*), Queller (*zeekraal*), Seegras (*zeekool*) und See-Mangold (*strandbiet*) an, auf die nicht nur die texelschen Köche stehen. Neuestes Produkt sind die *zeebananen,* wahre Vitaminbomben, die etwas würziger schmecken als Meerfenchel.

Open-Air-Lab: Hoornderweg 42, www.waddenwier.com (mit Webshop www.wadzilt.nl), über www.saltfarmtexel.com kann man sich anmelden bzw. um weitere Informationen bitten

Der Name, Limhoornade, ist eine hübsche Verballhornung von Limonade aus Den Hoorn, die Bionade, Zisch, Fritz & Co. locker in die Tasche steckt.

Hofladen 1

Auch Den Hoorn kann sich einiger Hofläden mit exzellenten Produkten rühmen. Besonders nett, weil kuschelig, ist der Laden vom Hof **Hoeve Vrij en Blij** 5. Wer Lamm essen und/oder kochen will, ist hier richtig, und der Käse schmeckt auch.

Westerweg 80, texelseboerderijwinkel.nl, Mo–Sa 10–17 Uhr

Hofladen 2

Der Demeter-Bauernhof **Novalishoeve** 6 beschäftigt Jugendliche mit Handicap – und das Konzept geht auf. Mit Liebe betreibt man Tierzucht und Ackerbau. Besucher sind willkommen, die Türen stehen ihnen offen, mitmachen ist erwünscht: Sauerteigbrot gibt's in der Bäckerei, leckeren Sanddornkäse in der Käserei, Salzkaramelleis in der Eistheke. Lecker geht's im Café und im Hofladen weiter. Seit Kurzem werden Austernpilze auf Kaffeesatz gezüchtet, den texelsche Unternehmen an Novalishoeve abgeben!

Hoornderweg 46, www.novalishoeve.nl, Mo–Sa 9.30–16.30 Uhr, Führungen/Aktivitäten ► Website

Wenn die Nacht beginnt

Zugabe!

Theater & Restaurant De Toegift @Klif 12

In der schön restaurierten Bauernscheune geht es ab! Neben der für Deutsche etwas schweren, weil schlecht verständlichen Theaterkost warten DJs, Livekonzerte und natürlich das Theater-Dinner (► S. 49). Die Herzlichkeit des Personals lässt jedes Sprachproblem vergessen. Es wird gesungen, getanzt, gesteppt und serviert. Regelmäßig Auftritte von bekannten holländischen Kleinkünstlern.

Adresse, Öffnungszeiten, Preise ► S. 49

Die besten Jahrgänge

Restaurant Het Kompas & The Scotch Whisky Bar

Im kleinsten Inselrestaurant mit 22 Sitzplätzen kann man aus gleich mehreren Karten wählen: Musik-, Getränke-, Kaffee- und Speisekarte. Die Leidenschaft des Besitzers ist offenkundig: Im Ausschank sind 3000 Whiskys. Doch das ist noch nicht alles: Het Kompas gilt vielen als das Restaurant mit den besten Fleischgerichten der Insel; ausgezeichnet sind Dünenkaninchen und Lammfleisch. Wobei die wahren Schätze des Lokals doch Els und Wim sind …

Adresse, Öffnungszeiten, Preise ► S. 49

Sport & Aktivitäten

Wandern

Wanderschuhe an und los! Auf der **Wambinghe Route** (7 km) wandert man an alten Meerwasserrinnen und am versunkenen Dorf Wambinghe vorbei. Witzig: die Rast an einer alten Schafscheune, de Schapenboet van Lap, wo man sich Tee oder Kaffee kochen kann. Schön sind auch die **Route Skéép en Lantskap** (8,5 km), bei der sich alles um Deiche und Schafe (► S. 37) dreht, die **Route Polderpad** (5,5 km), größtenteils identisch mit der vorhergehenden, doch sie führt am untergegangenen Hafen von Den Hoorn vorbei, und die **Route Neeltjesnol** (6 km) durch die Dünen. Apropos: Durch **alte und neue Dünen** geht es bei De Hors (► S. 58). Auch die **Thijsseroute** (► S. 35) und die **Geheimnisroute** (34 km) berühren Den Hoorn. Letztere deckt Geheimnisse der Insel auf.

www.delieuw.nl, Infos & Karte beim VVV oder beim Spar-Supermarkt im Dorf (De Naal 1); Geheimnisroute: VVV Texel, www.texel.net

Texel hat eine eigene Whiskybrennerei: De Lepelaar (im Landgoed de Bonte Belevenis, ► S. 55). Und das kam so: 600 Aktionäre aus aller Welt finanzierten die Produktion. Knapp vier Jahre mussten sie warten, bis sie Ende 2017 den ersten Schluck nehmen konnten – denn Whisky darf sich das Gesöff erst nennen, wenn es mindestens 3,5 Jahre und einen Tag im Eichenfass gereift hat. Neben einem Single Grain aus texelschen Bio-Getreidesorten gab es einen Single Malt aus Gerstenmalz und einen Single Smoked Malt auf der Basis von über Torf geräuchertem Malz zu verkosten. Der Torf, der nicht von Texel stammte, wurde bald durch heimisches Seegras ersetzt – sehr besonders. Das Warten auf den Whisky hat sich gelohnt!

Radfahren

Für harte Kerle und Weiber: Die 8 km lange **ATB Route** im Waldgebiet De Dennen gilt als eine der **besten holländischen MTB-Routen** und als technisch schwierig, Start: Parkplatz Turfveld, Westerslag. Aber auch wer's gemächlicher mag, ist in Texels Wald richtig (► S. 70).

www.staatsbosbeheer.nl/routes/texel/mountainbikeroute-texel (mit Karten-Download)

Die zotteligen Graser sind freundlich und ungefährlich. Sind sie am Hoornderslag zu sehen, gibt es nicht selten einen kleinen Stau.

Die Karte zum Mietrad

Vermeulen Bikes ❶

Großes Angebot, guter Service. Zum Rad gibt's die Karte dazu. Bringservice.

Herenstraat 69, www.vermeulenbikes.nl, Mo–Sa (mit Mittagspause), Räder ab 14 €

Schwimm dich frei

Strand & FKK-Strand ❷

Sehr breit, feinsandig, kinderfreundlich. Bei Paal 9, 12, 15 bewacht (Juni–Anfang Sept.); dort auch **Strandpavillons,** bei Paal 9 ganzjährig, mit Kiosk und Verleih von Strandrollstühlen, Sonnenschirmen, Liegen, Windschutz und Strandhäusern. Ca. 200 m südl. von Paal 9 **FKK-Strand.**

Surfen & Stand-up-Paddling

Surf Center Paal 9 ❹

Surfen ist zwischen Paal 9 und Paal 17 außerhalb der bewachten Strandabschnitte erlaubt. Zum Strandpavillon gehört ein Surf Center. Hier gibt's die passende Ausrüstung oder Kurse (Surfen, Kitesurfen, Windsurfen und Stand-up-Paddling).

▸ S. 54, www.surfcenterpaal9.nl

Der frühe Vogel

Yoga & Qigong am Strand ❸

Yoga & Qigong bei gutem Wetter am Strand bei Paal 9, sonst im Pavillon.

Juli/Aug., ▸ www.inbalansoptexel.nl

Glatt-Eis

Schlittschuhbahn Grote Vlak ❹

In der warmen Jahreszeit schnattern auf dem Dünensee die Wasservögel, im Winter die Schlittschuhläufer. Warm wird's einem bei Glühwein, Kaffee, Suppe und Wurst vom Eisclub, heiß vielleicht beim Anblick der Schottischen Hochlandrinder (▸ S. 61), die hier leben.

Hoornderslag in Richtg. Meer, linke Seite

INFOS

Bus: mit dem Texelhopper (▸ S. 115); Tickets gibt's z. B. beim Spar-Supermarkt.

TERMINE

Neujahrstauchen: bei Paal 9 meist um 13 Uhr. Eine Riesengaudi.
Meierblis: 30. April ab 19 Uhr am Stolpweg. Eines der traditionellsten und stimmungsvollsten Feste Texels. Überall auf der Insel werden Feuer angezündet, man unterhält sich, trinkt ein Bier, röstet in der Glut Kartoffeln oder Stockbrot. Alles, um den Winter zu vertreiben.
Broadway Texel: Pfingstwochenende, alle 2 Jahre (gerade Jahreszahl), www.broadwaytexel.nl. Die ganze Insel scheint sich in Den Hoorn zu treffen. Geboten wird Artistik, Musik, Theater.
Klifhanger – Kunstroute: Eröffnung WE im Juni, alternierend mit Broadway Texel, www.klifhangertexel.nl. Im Dorf sind alle zwei Jahre (ungerade Jahreszahl) kreuz und quer Kunstwerke ausgestellt. Dauer: ca. 1 Monat.
Hoornder Donderdag: im Juli/Aug. Do bis 18 Uhr, www.hoornderdonderdag. dnl. Schöner Straßenmarkt.
Dag van het Texelse Schaap: 1 Tag im Juli, an der Kirche. Tag des Schafs. Schafe scheren, melken, Wolle spinnen …
Sunny Side Up Festival: WE im Juli/Aug., sunnysideupfestival.nl, Strandpavillon 12 (▸ S. 71). Livemusik, Yoga …

Sandkasten XXL – **De Hors und De Geul**

Der südlichste Zipfel der Insel fährt ordentlich auf: mit Dünenseen und Salzwiesen, Poldern und Dünen. Und legt mit einer gewaltigen Sandplatte nach, die wächst und wächst. Wenn der Wind hier richtig pfeift, erahnt man, was ›Wucht der Elemente‹ meint. An windstillen Tagen jedoch wähnt man sich im Paradies: weiße Strände, Hunderte von Orchideen, große Singvögelkolonien. Und hier soll das letzte Schlachtfeld Europas gewesen sein? Unglaublich, aber wahr.

Ein friedliches Bild, und doch tobte auch im Inselsüden im Frühjahr 1945 die letzte Schlacht des Zweiten Weltkriegs. Georgische Aufständische, Angehörige der deutschen Hilfstruppen, töteten in einer einzigen Nacht mehr als 400 Deutsche. Die Rache ließ nicht lange auf sich warten. Auch Einheimische waren unter den Toten. In der Mokbaai etwa, wo Wehrmachtsoldaten zuvor Wasserski gefahren waren, verscharrten die deutschen Besatzer zwölf junge Männer, die sie ohne Prozess hatten ›füsilieren‹ lassen.

Es ist einer dieser schönen, stillen Spätsommertage. Das scheinen auch die *lepelaars* zu finden, die eifrig im Wasser hin- und herstelzen. Ob sie schon an den Weiterflug nach Mauretanien oder in den Senegal denken, wo sie den Winter verbringen? Wie auch immer, vom **Aussichtspunkt** 1 ist die größte Löfflerkolonie Texels gut zu sehen. Die grazilen Tiere brüten auf dem **Geulplas** im Dünental **De Geul** 2, das unter Naturschutz steht (zugängl. Sept.–März).

Haltestelle bei Hochwasser

Der nächste **Aussichtspunkt** 3 gewährt ein Rund-um-Panorama auf die **Mokbaai.** Die Salzwiesen dieses Mini-Wattenmeers sind bei Flut ein beliebter Zufluchtsort für Enten und Limikolen wie Regenbrachvögel, Rotschenkel und Austernfischer. Bei Ebbe fällt die Meeresbucht größtenteils trocken und wird zur Futterstelle Tausender Vögel. Die Soldaten übrigens, die in der **Kaserne** 4 stationiert sind, planen alle Übungen mit Rücksicht auf die heimische Vogelwelt. Vorbildlich! Früher lagen in der **Mok,** der tiefen Rinne in der Bucht, die großen Schoner, die auf günstigen Wind warteten – oft monatelang.

Der Pfannkuchen wächst

Bald ist die riesige Sandwüste **De Hors** erreicht (vor der Kaserne am Viehrost rechts in die Dünen abbiegen). Sie genießt den Ruf, das ›raueste Stück Texel‹ zu sein und bei Wind ist sie nicht ohne. Die Sandplatte, vom Naturforscher Thijsse ›Pfannkuchen‹ tituliert, wächst beharrlich. De Hors ist erst seit

1749 mit Texel verbunden, vorher trennte das Spanjaardsgat beide. Im 20. Jh. dockte die Sandbank Het Onrust an das Dünengebiet an und das Anlegen von Flugsanddeichen ließ es weiter wachsen – dem Entstehen natürlicher Dünen kann man hier quasi zusehen. Achten Sie nur auf die Zwergseeschwalben, die am Boden brüten. Echt mutig!

Ganz schön bunt hier! Im Mai und Juni säumen Hunderte von Orchideen die Horsmeertjes. Doch hier wächst noch viel mehr, z. B. Pflanzen, an denen sich ablesen lässt, dass der Boden früher salzig war, wie das Strandtausendgüldenkraut. Und in den Dünenseen selbst gedeihen Unmengen von Armleuchteralgen. Sie wiederum wachsen nur in sauberem Süßwasser.

Nachtigall, ick hör dir schmatzen ...

Den Flugsanddeichen sind **Kreeftepolder** 5 und **Horspolder** zu verdanken, Feuchtgebiete, da der Grundwasserspiegel nach dem Deichbau stieg. Bei den **Horsmeertjes** 6 gibt es einen Aussichtspunkt mit Blick auf die artenreiche Vogelwelt, die sich in den noch jungen Dünentälern verlustiert. Das offene Wasser lockt Enten aller Art, aber auch seltene Haubentaucher an, und im Schilfrohr ziehen Silbermöwen ihre Jungen auf. Wie schön der Schilfgürtel und die vom Wind geprügelten Weiden an den Seen sind! Im Spätsommer essen sich Singvögel an den Unmengen von Sanddorn-, Holunder- und Brombeersträuchern am Wegesrand satt, unter ihnen die Nachtigall. Wem jetzt mehr nach menschlicher Nähe ist, der läuft zum **Strandpaviljoen Paal 9** 1. Zurück geht es entlang der **Moksloot** 7. Von diesem Graben führt eine Fischtreppe in die Mokbaai – Stichlinge aufgepasst, es droht Gefahr!

INFOS/ÖFFNUNGSZEITEN

Start: Parkplatz am Mokweg; die Wanderwege sind markiert; geführte Exkursionen über Ecomare
Achtung: ggf. (je nach Wasserstand in den Dünentälern) Gummistiefel anziehen

PROVIANTIERUNG

Weil nicht nur die Vögel was zu picken haben sollen, ist der **Strandpaviljoen Paal 9** 1 (► S. 54) eine gute Wahl für *broodjes*, Burger und Fisch. Baden darf man hier auch. Auf De Hors nicht!

Faltplan: B–D 10–12 | **Route:** 3 km; Variante 1 (Kreeftepolder, Pompevlak, Paal 9, Moksloot) ca. 8 km; Variante 2 (Horsmeertjes, De Geul, Paal 9, dann wie 1) ca. 10 km

Auf der Sandplatte De Hors hat die Natur freies Spiel. Sie gilt als die urwüchsigste und raueste Ecke Texels. Hier wächst nicht viel, nur wenige Pflanzen krallen sich in den Boden. Beliebt ist die ›Wüste‹ aber bei Zwergseeschwalben und Seehunden.

AUSFLÜGE VON DEN HOORN

Alles Käse!

Kaasboerderij Wezenspyk 🕮 D 9
»Käse gehört nicht in den Kühlschrank« – das ist das Erste, was wir von Anton Witte, Seniorchef des Käsebauernhofs, lernen. Mit Leidenschaft produziert er Biokäse, von Kühen, Schafen und Ziegen in einer modernen Käserei nach traditionellem Rezept. Mit Erfolg. Sein Orekéés (ein überjähriger Schafskäse) wurde mit dem World Cheese Award ausgezeichnet und ein anderer, aus roher Schafsmilch hergestellter Käse brachte ihm die Anerkennung der Slow-Food-Stiftung ein. Anton und sein Sohn Job, seit 2020 Juniorchef, sind sich sicher, dass der Käse von der Insel so lecker schmeckt, weil das Gras so salzhaltig ist und daher die Milch der Tiere besser schmeckt als anderswo. Im **Hofladen** kommt man wegen der großen Auswahl in die Bredouille: pur, mit Brennnessel, Sambal, Queller, Salzaster, Senf, Bier oder …? Vorbei an Kühen, Schafen und Ziegen, geht's zum **Käsecafé.** Dumm wäre, hier nicht das Käsefondue zu probieren. Wer sich nun die Beine vertreten will, läuft über den **Landschaftspfad** mit vielen Infotafeln zum **Schafmuseum** (▶ S. 37).

Hoornderweg 29, www.wezenspyk.nl, Hofladen (mit Ausstellung zur Käseproduktion) tgl., Mo auch auf dem Markt in Den Burg; Käsecafé tgl.

Bollekamer 🕮 B 9

Die Bollekamer im Südwesten Texels ist eines der ältesten Dünengebiete der Insel. Im Windschatten der Dünen durch die stille, leicht gewellte Landschaft zu wandern, in der man außer hin- und herflitzenden Dünenkaninchen nicht viel mehr Bekanntschaften macht, das ist Texel-Gefühl in seiner schönsten Form.

Bilderbuch-Blick

Doch stopp! Da war doch noch was … Die wahren Stars hier sind Schottische Hochlandrinder und Exmoorponys. Sie sind im Auftrag von Staatsbosbeheer unterwegs, der staatlichen Forstbehörde, und fühlen sich auf Texel pudelwohl. Ihr Job: Sie müssen grasen. So wird eine Verbuschung der Dünen verhindert. Während der Rest der Bollekamer knochentrocken ist, bildet das **Grote Vlak** das größte nasse Dünental der Niederlande. Wenn ab Mai die Schwertlilien knallgelb blühen und dazwischen die großen Graser ein Bad nehmen, ist das ein traumhafter Anblick. Früher wuchs auf dem Boden des Dünensees Wasserminze, die dem Wasser einen sehr frischen, von den Einheimischen geschätzten Geschmack verlieh.

Zwischennutzungen

Loodsmansduin 🕮 B 10
Die Aussicht von hier oben war immer besonders: über den Süden der Insel, aufs Meer und bis zum Festland. Seinen Namen hat die Düne von den Lotsen, die von der Düne Ausschau nach Schiffen hielten. Viel später, 1938/39, erricheteten niederländische Streitkräfte hier die Batterie Den Hoorn, die heute noch erhalten ist. 1942 bauten die Deutschen unterhalb weitere Geschützstellungen. Nach dem Krieg lebten dort Ausgebombte aus Den Burg, und der Bunker war Lagerraum für Whisky. Heute ist die begehbare Anlage Ziel von Wanderungen und wieder Aussichtspunkt (mit Periskop).
Am Ende des Wittewegs rechts (Hoornderslag)

Wie wichtig Dünen (neben der Trinkwassergewinnung) sind, zeigt eine kurze Formel: In den Niederlanden besteht 254 km Nordseeküste aus Dünen = 1 % der gesamten Landfläche. Doch kommen in den Dünen ca. 75 % der niederländischen Pflanzenarten vor, und 140 der insgesamt 190 Brutvogelarten des Landes nisten in ihrem Schutz. Also bitte auf dem Weg bleiben. Und auch die Dünenheide, die die Bollekamer ab August in einen violettfarbenen Teppich verwandelt, möchte ungepflückt bleiben. Ebenso wie der tiefblaue Lungen-Enzian.

Wandern

Druch das Dünental führt eine 3 km lange, blau gekennzeichnete **Wanderroute.** Die **Loodsmansduin** (▶ links) bietet eine super Aussicht über die Bollekamer.
Start: Parkplatz am Hoornderslag, dort auch Infoblätter; Loodsmansduin u. a. über einen Wanderweg von Paal 9 aus zu erreichen

De Koog 🕮 C 5/6

Man kann den einzigen Badeort der Insel lieben oder nicht … Das Kapital De Koogs ist zweifelsohne die wirklich wunderschöne, abwechslungsreiche Umgebung. Denn es liegt eingebettet in Wald, Dünen und Strand am Rand des Nationalparks Duinen van Texel. Doch ist das in der Mitte der Insel gelegene und nur durch zwei Dünenreihen vom Nordseestrand getrennte Dorf auch das unbestrittene Zentrum des texelschen Tourismus. Passt das zusammen? Eine Bestandsaufnahme.

DE KOOG

Sehenswert
1 Kirche
2 Zeereeppad
3 Ecomare

In fremden Betten
1 Grand Hotel Opduin
2 Hotel De Zwaluw
3 't Lant van Texsel
4 miko bed/breakfast
5 Pension Ruysduyne

Satt & glücklich
1 Oudeland Texel
2 Wambinghe
3 Susie's Diner Pickup
4 Viscentrum Van Beek
5 Beachclub Texel

Stöbern & entdecken
1 Dobber Outdoor
2 Echte Bakker Timmer

Wenn die Nacht beginnt
1 Toekomst Texel
2 De Jutter
3 Café de Kuip
4 Café Onder de Pomp

Sport & Aktivitäten
1 Calluna
2 Manege Kikkert
3 Manege Elzenhof
4 Fietsverhuur De Koog
5 Strand
6 Surfschool Texel
7 Surfschool Foamball

Texels Ballermann?

Wer die **Dorpsstraat** entlangläuft, mag kaum glauben, dass De Koog nicht erst für den Tourismus aus dem Boden gestampft wurde, sondern Jahrhunderte zuvor ein florierendes Fischerdorf war. Die Fußgängerzone bietet alles, was das Herz begehrt: Sie ist Shopping- und Fressmeile und das Herz des Amüsierbetriebs De Koog und nachts besonders beim jüngeren Publikum gefragt. Im Sommer ist der Ort laut, bunt, quirlig, unterhaltsam, mitunter nervig, nie langweilig. Im Winter hingegen wirkt der Ort still, fast verlassen. Dann zählt er nur noch gut 1300 Einwohner, im Sommer fast das 20-Fache.

De Koog 2.0

Der Badeort war also zum Selbstläufer geworden, große Veränderungen fanden nicht statt. Die Straßenterrassen wurden immer größer, Reklameschilder und -beleuchtung immer bunter und wilder. Doch zwischenzeitlich hat ein Umdenken stattgefunden, nicht zuletzt, weil Urlauber dies einforderten. Viele Reklametafeln sind schon verschwunden, die Terrassen sollen kleiner und die Bestuhlung und die Farben von Sonnenschirmen und Sitzkissen vereinheitlicht werden. Die Dorpsstraat selbst soll wieder mehr Raum für Flaneure erhalten, der **Dorfplatz** hat Baum und Bank bekommen. Das Projekt ›Planet De Koog‹ ist ein großes Versprechen – man darf gespannt sein.

WAS TUN IN DE KOOG?

Fluch und Segen

Lediglich die kleine, urige **Kirche** 1 mit dem weißen Holzturm von 1719 und das benachbarte **Häuschen von Mevrouw Mosk** (Dorpsstraat 164) erinnern noch an den alten Fischerort, in dem auch reiche Walfänger und Kommandeure lebten. Schiffe erreichten De Koog (der Name geht auf *coghen*, die ersten Einpolderungen im 14. Jh., zurück) über das nördlich gelegene Seegatt, das damals noch Texel von Eierland trennte. Mit dem Wohlstand war's vorbei, als die Fahrrinne – nördlich des heutigen Ruigendijks – versandete. Viele Bewohner zogen nach Den Hoorn, De Koog verarmte. Die leidgeplagten Einwohner wandten sich der Schafzucht zu, aber auch das erwies sich als mühsam. Immer wieder ertranken Tiere bei Sturmfluten – und mit ihnen das Auskommen der Bauernfamilien. Zählte der Ort 1514 noch 140 stattliche Häuser, waren es 1873 noch ganze zwölf, hinzu kamen Kirche und Schule.

Die ›vreemdelingen‹ kommen

Dem in De Koog langsam aufkommendem Tourismus versetzten die beiden Weltkriege herbe Schläge. Doch in den 50er- und 60er-Jahren des 20. Jh. setzte der bis heute anhaltende Boom ein – forciert durch das neu eingeführte Recht auf Urlaub. Seitdem wuchs De Koog. Wie's weiterging und -geht, wissen wir, siehe vorherige Seite. Alle *vreemdelingen*, Fremde, wie die Urlauber einst genannt wurden, müssen über den **Badweg** zum Meer – bis heute. Eine letzte Düne: der breite, feinsandige **Strand** 5 ist erreicht.

Dem Meer ganz nah

… ist man auf dem **Zeereeppad** 2, der sich am Ende des Badwegs auf der äußersten Dünenreihe vom Strandhotel Noordzee bis zum Strandpavillon **Paal 19 Half** 5 zieht. Die Flaniermeile besteht aus roten Betonplatten und bietet einen Hammer-Blick auf Meer und Strand. Doch nicht nur der lohnt, spannend sind auch die Infotafeln über den Nationalpark Duinen van Texel und vor allem die alten Fotos von De Koog. Um den Boulevard, wie er auch gerne etwas großspurig genannt wird, zu finanzieren, bot man Einheimischen und Touristen an, die Betonplatten zu ›adoptieren‹.

Apropos adoptieren …

In De Koogs wohl bedeutendster Sehenswürdigkeit **Ecomare** 3, dem Zentrum für Wattenmeer und Nordsee, können Sie einen Seehund adoptieren. Und nicht nur das: Das Naturmuseum informiert über Entstehung und Entwicklung von Texel, Nordsee und Wattenmeer, Flora und Fauna sowie das Leben und Arbeiten auf der Insel durch die Jahrhunderte – interaktiv, überraschend, spannend (▸ S. 64).

SCHLEMMEN, SHOPPEN, SCHLAFEN

In fremden Betten

In De Koog gibt es die meisten Unterkünfte der Insel, für jeden etwas. Berühmt war und ist der Ort für seinen schönen **Campingplatz** direkt in den Dünen (www.texelcampings.de/kogerstrand).

Auf der Düne

Grand Hotel Opduin 1

Der Verwöhnfaktor dieses Hotels ist hoch, auch wenn es von außen nicht so wirkt. Sein absolutes Plus: Es liegt traumhaft am Ortsrand in Waldnähe und in den Dünen, von vielen Zimmern blickt man direkt in die Natur. Die Zimmer sind sehr harmonisch in Grün- und Blautönen eingerichtet (z. T. mit Balkon) – Strandfeeling schon hier. Außerdem jede Menge Komfort, großes Beauty- & Wellness- sowie Sport- & Freizeitangebot (Sauna, Hallenbad, Fitnessraum). Dem Essen sei noch ein Satz gewidmet: Das

Heute weiß niemand mehr, wie in der Texelsche Bad- en Schapenmelk Kuurinrichting, dem ersten Gebäude speziell für Touristen (1896), gekurt wurde. Baden ging man damals noch nicht. Die Natur und der Vogelreichtum hatten es den *vreemdelingen* angetan und so kamen vor den *badgasten* die *feugeltjesminsen*, die Vogelmenschen. Den Badefreuden frönte man erst in den 1930er-Jahren. »Das Verrückteste war: Sie krochen ins Meer. Selbst Frauen taten das«, war man damals in De Koog erstaunt.

Retter in der Not – **Seehundstation Ecomare**

Alles begann 1952 mit einer Baracke. Hier fanden kranke Seehunde und mutterlose Jungtiere ein Zuhause. Sie wurden aufgepäppelt und dann wieder in die Freiheit entlassen. Das ist bis heute so. Zur Baracke kamen gigantische Meeresaquarien, Ausstellungsräume, eine Vogelpflegestation und ein Außengelände mit Dünenpark hinzu. Noch immer dreht sich aber alles um die Meeressäuger mit den Kulleraugen – adoptieren Sie doch einen.

Mittagessen. Die Besucher werden ganz unruhig und alles strömt nach draußen. Es gibt Fisch. So wie gestern und vorgestern und letzte Woche und letztes Jahr auch. Wie langweilig! Nicht jedoch für die Seehunde und Kegelrobben, die in den Becken ganz gierig nach den Fischen, gerne fetter Hering, schnappen. Drei bis fünf Kilo pro Tag sollten es sein.

Frischfisch für alle! Für einige Tiere ist Ecomare längst zur zweiten Heimat geworden. Der Bestand hat sich auf 15 Seehunde und Robben eingependelt. Dass sie sich in Ecomare wohlfühlen, ist unschwer an der konstanten Zahl von jährlich sechs bis acht hier geborenen Seehundbabys zu erkennen.

Hang-out für Heuler

Während es sich die Tiere schmecken lassen, erfahren wir, dass **Ecomare** 1 (Zentrum für Wattenmeer und Nordsee) ca. 100 Seehunde und Robben pro Jahr aufnimmt. Sie sind krank, geschwächt, verletzt und brauchen Hilfe. Auch Heuler, so heißen die Jungtiere, weil sie über eine Art Heulton Kontakt zur Mutter halten, werden hier wieder aufgepäppelt. Haben sie mehr als 30 kg angesetzt, werden sie ausgewildert. Anfangs werden die Jungtiere mit der Flasche aufgezogen, später gibt's Fisch. In der Natur versorgen die Seehunddamen, die Ende Juni/Anfang Juli niederkommen, ihre Jungen mit Muttermilch, die so fett wie Sahne ist – kein Wunder, dass die Kleinen innerhalb eines Monats 16 kg zulegen!

Eine glitschige Sache

Auch wenn die Seehunde die absoluten Stars von Ecomare sind, das Naturmuseum hat noch so viel mehr zu bieten. So werden die Besucher z. B. in der **Wattenstadt** willkommen geheißen und spüren (gewissermaßen) mit echten Forschern einen Schweinswal-Mörder auf, telefonieren mit Seehunden und lernen, dass Algen und Salzgemüse unsere Zukunft sein könnten. Ein echter Clou ist der unterirdische **Wassersaal** mit Fischbassins und Streichelbecken. Möchten Sie mal einen Rochen streicheln? Eine glitschige, aber nichtsdestotrotz spannende Sache. Mit den Wundern des Wattenmeers macht die neue digitale Ausstellung **Wundervolles Watt** bekannt: Plötzlich stehen Sie selbst im Watt, lernen alles über Dauerbewohner und Durchzügler, über seine Bedeutung als Futterkammer für Millionen Lebewesen, aber auch über die Bedrohung seiner einzigartigen Natur.

Bloß keinen Fisch!

Und draußen geht's für große und kleine Entdecker weiter. Der 70 ha große **Dünenpark** wartet. Oder vielleicht doch erst Pause machen? Die Picknicktische sehen gut aus. Nicht nur die Seehunde müssen schließlich essen. Wer nun noch mehr Draußen will: Der **Naturpfad Het Alloo** 2 führt durch Wald und Dünen und vorbei am Standbild von Jac. P. Thijsse zum gleichnamigen Weiher.

Texel zählt zu den dunkelsten Flecken des Landes, die Sterne sind besonders gut zu sehen. Im **Observatorium** 3 in den Dünen stehen mehrere Teleskope (www.oriontexel.nl, 2 €, reservieren). Staatsbosbeheer führt unter dem Motto »Geheimnisse der Nacht« durch die Dünen; Stille und Dunkelheit sind zentrale Themen. Und oben leuchten die Sterne (zu buchen über www.ecomare.nl/plan/excursies oder www.npduinenvantexel.nl/1407/doen/excursiekalender, um 15 €).

INFOS/ÖFFNUNGSZEITEN

Ecomare 1: Ruyslaan 92, www.ecomare.nl, tgl. 9.30–17 Uhr, 15 €, erm. 10,25 €, unter 4 J. frei, veranstaltet zahlreiche Exkursionen, mit Restaurant

GENUSS GANZ GROSSGESCHRIEBEN

Gute saisonale Küche direkt am Strand bietet der **Strandpaviljoen Paal 17** ①, einer der schönsten Pavillons der Insel (www.paal17.com, Ruijslaan 94, €–€€, div. Veranstaltungen, mit Kiosk). Sichern Sie sich Plätze auf der großzügigen Terrasse. Ideal nicht nur für Familien mit Kindern ist auch **Catharinahoeve** ②. Das Restaurant ist in einem alten Bauernhof untergebracht und bietet drinnen und draußen viel Platz (Rozendijk 17, www.catharinahoeve-texel.nl, Pfannkuchenparadies, €–€€). Und nein, Sie irren sich nicht: Das sind wirklich Weinreben. Jan-Jaap Kroon von **De Kroon van Texel** 1 wollte es wissen und der Erfolg gab ihm Recht: Auf Texels Sandboden gedeihen auch gute Weiß- und Rotweine. Wer mag, kann auch luxuriös zwischen den Weinreben nächtigen (Rozendijk 32, www.wijngaarddekroonvantexel.nl, Führungen und Weinproben, B&B €€).

Faltplan: C 7 | **Naturpfad:** 4,5 bzw. 2,7 km, **Ausgangspunkt:** z. B. Ecomare

Frühstücksbuffet punktet mit texelschen Spezialitäten und das Restaurant unter der Ägide von Aart Wijker ist Botschafter der Slow-Food-Bewegung. Lecker sind die Schmortöpfe, der Linsenauflauf, die Lammschulter, die Biogemüse-Gerichte. Ach ja, wer Hunde nicht mag, ist hier falsch.

Ruijslaan 22, www.opduin.nl/de, DZ & Suiten €€€|F, auch Ferienwohnungen/-häuser €€€

Und der Gaumen freut sich auch
Hotel de Zwaluw 2

Man merkt gleich, dass das Boutiquehotel familiengeführt ist. Der Service ist ausgesprochen freundlich, die moderne Einrichtung besticht durch ihre Liebe zum Detail – kurz: Fred und Sven gehen in ihrem Beruf auf. Davon profitieren die Gäste, auch in der ausgezeichneten Brasserie. Das i-Tüpfelchen: die Lage am Ortsrand, waldnah und nur 10 Min. vom Strand. Und das Frühstück ist ein Traum.

Kamperfoelieweg 1, www.hoteldezwaluw.nl/de/home, €€/F, 2-Pers.-Apartment €€/F, Küche Do–So €€, bitte reservieren

Bei vielen Restaurants steht der Käse von Wezenspyck auf der Karte, so auch bei Wambinghe, wo die Küchenbrigade besonders auf den kräftigen Orekéés steht.

Comin' home
B&B 't Lant van Texsel 3

Bei Paul, Pien und ihren drei Töchtern fühlt man sich gleich zu Hause. Die drei luxuriös eingerichteten modernen Zimmer sind hell und freundlich (alle mit Bad, das unten mit eigener Terrasse). Der Stolp-Bauernhof liegt ländlich und doch nur 1,5 km außerhalb von Den Burg. Das absolute Highlight ist das abwechslungsreiche Frühstück, das auf dem Zimmer oder im Garten serviert wird!

Maaikeduinweg 15, www.tlantvantexsel.nl, €/F, früh buchen!

Breakfast on the beach
miko bed/breakfast 4

Hier mag man gar nicht wieder weg. Schon das Haus am Wald, das an ein Schiff mit wehenden Segeln erinnert, verzaubert. Und dann die Zimmer – Miko hat seine Liebe zu Texel in unterschiedlichen Themen ausgedrückt: Wald, Weide, Strand. Nur ein Beispiel: Wer im Strandzimmer übernachtet, über dem leuchtet nachts ein ganzer Sternenhimmel. Morgens um halb neun steht ein mit texelschen Leckereien gepackter Frühstückskorb vor der Tür fürs Picknick im Garten, am Strand oder im Wald.

Ruyslaan 31, www.mikobnb.nl/deutsch, €–€€/F, früh buchen!

Zimmerservice
Pension Ruysduyne 5

Die Lage ist kaum zu toppen: Durch Wald und Dünen sind es keine 700 m bis zum Strand. Das gemütliche Zweifamilienhaus am Rande De Koogs bietet vier schlichte, saubere Zimmer mit gutem Komfort, drei der Zimmer besitzen einen Balkon. Charmant: Das leckere Frühstück wird von der herzlichen Gastgeberin im Zimmer serviert.

Ruyslaan 21, www.ruysduyne.nl/de, €/F

Satt & glücklich

Nachhaltig, lokal, bio, einmalig!
Oudeland Texel ❶
Verantwortungsvolles Kochen ist Daan wichtig, er folgt dem ›Nose-to-Tail-Prinzip. Die Zutaten aus dem eigenen Gemüsegarten und von Texeler Bauernhöfen stehen im Mittelpunkt der experimentierfreudigen, schnörkellosen Küche. Sommelier Hennie begleitet Daans Speisen mit ausgezeichneten Weinen, viel Wissen und Witz. Super nettes Team! Aus dem Dorpsstraat-Einerlei fällt auch die **Vogelhuis-Orangerie** (restaurant vogelhuistexel.nl) gegenüber heraus.
Dorpsstraat 175, www.oudelandtexel.nl, Juni–Okt. Do–Mo, sonst Mi–So, €€

Die Insel schmecken
Wambinghe ❷
Während das Dorf, das dem Restaurant den Namen gab, schon 1650 von der Karte verschwand, hat sich das Restaurant des **Hotels Greenside** einen Spitzenplatz auf der kulinarischen (Slow-Food-) Landkarte Texels erkocht, wobei es viel Wert auf texelsche und Wattenprodukte legt. Gekocht wird klassisch französisch mit überraschenden Geschmackskombinationen. Super Weine und Whiskys.
Stappeland 6, www.hotelgreenside.nl, tgl., €€

Tex-Mex auf Texel
Susie's Diner The Pickup ❸
Und noch eine Adresse an der Dorpsstraat, die heraussticht: der Diner von Susie mit viel amerikanischem Flair und guten Burgern (Vegaburger) und Fritten. Dazu die übliche holländische Imbisspalette aus der Fritteuse von *kaassoufflé* über *loempia* (Frühlingsrolle) bis *bitterballen* – aber lecker! Super Milchshakes.
Dorpsstraat 15, auf Facebook, Do–So 12–22 Uhr, €

Fischbude vom Feinsten
Viscentrum van Beek ❹
So stellt man sich 'ne ordentliche Fischbude vor: mit großer Theke zum Aussuchen und ganz viel Fisch. Der ist frisch, geräuchert oder gebacken, außerdem gibt's Fischbrötchen, Fischsuppe, Muscheln und Gambas. Neben dem super Angebot kommt man auch wegen der netten Bedienung in den hellen, freundlich eingerichteten Imbiss. Van Beek ist auf Nachhaltigkeit bedacht und arbeitet nur mit lokalen Fischern zusammen.
Dorpsstraat 109, www.visvanbeek.nl, Mo, Di, Do–Sa 11–19 Uhr, €, alles auch zum Mitnehmen

Seit 500 Jahren schon gibt es texelschen Schafskäse. Der Italiener Ludovico Guiccardini fand ihn 1567 sogar besser als Parmesan. Ob er auch den ›grünen‹ Schafskäse probiert hat? Die Bauern legten ein Tuch mit Schafkötteln in den von der Milch abgeschöpften Rahm und ließen es einweichen. Dann wurde es über der Schafsmilch ausgewrungen – was dem Käse später die grüne Farbe und die Schärfe verlieh. Verkauft werden darf die Spezialität heute nicht mehr.

Life is a beach!
Beachclub Texel ❺
Schon der Weg hin durch die Dünen macht Laune: Über einen Muschelpfad geht es zum Strandpavillon am Paal 19,5. Für viele ist er der schönste Pavillon der Insel, noch ruhig gelegen, mit schöner, windgeschützter Terrasse, anspruchsvollen *und* bezahlbaren Gerichten. Tipp: Fish & Chips, der Burger, *pannenkoeken*, die Suppen. Gute (Insel-)Biere, gute *borrel*-Karte. Mittwochs findet im Juli/Aug. ein Filmabend am Strand statt.
Ruyslaan 30, www.beachclubtexel.nl, tgl., diverse andere Events, €

Stöbern & entdecken

An der verkehrsberuhigten **Dorpsstraat** gibt es fast alles. Im Juli/Aug. findet dort dienstags eine **Braderie** (Flohmarkt) mit Musik, Artisten etc. statt (12–19 Uhr).

Wind marsch!
Dobber Outdoor 1

Neben Rund-um-den-Strand- und Rund-ums-Campen-Artikeln gibt's hier alles fürs WIND Festival (▶ S. 69): vom Einleinerdrachen über Lenkdrachen und -matratzen bis zum Stuntkite.

Badweg 7–9, dobberoutdoor.nl, im Sommer tgl., weitere Öffnungszeiten ▶ Website

Augen auf, Portemonnaie zu!
Echte Bakker Timmer 2

Verwöhnen erst die Augen, dann den Magen: *hoornderring* (mit Mandelmus gefüllter Kuchen), *juttervlaaitje* (Törtchen mit Juttertje), *buteriggel* (mit Sahne gefüllt), *hongerpunt* (mit Spekulatiusgewürz), Ciabatta mit Queller, Mandelbrot, Honig-, Pfefferkuchen, Spekulatius … Und wer nicht mehr länger warten kann: Der Tearoom ist direkt nebenan.

Dorpsstraat 90, www.bakkertimmer.nl, tgl., Filialen in Den Burg, Oudeschild, Oosterend

 Wenn die Nacht beginnt

Auch in puncto Ausgehen ist die **Dorpsstraat** ganz weit vorn.

Disco-Dauerbrenner
Toekomst Texel 1

Seit mehr als 35 Jahren ist die Disco erfolgreich am Start. DJs, Licht-, Laser- und Videoshows bringen den Saal zum Kochen. In der Bar **Bubbels** in der ersten Etage ist's ruhiger (Raucher-Separee).

Dorpsstraat 20, Termine und Events auf Facebook, im Sommer tgl. 23–4 Uhr, im Winter nur Sa

Ausgeh-Alternativen
Die Anzahl einiger sehr netter, typisch holländischer ›Bruine Cafés‹ in der Dorpsstraat erstaunt. In diesen gemütlichen, unaufgeregten Kneipen mit dunkelbraunem Interieur werden Bier und *borrelhapjes* (nl. Snacks) serviert. Besonders empfehlenswert weil *super gezellig:* **De Jutter** 2 (Nr. 144, Livemusik, singender Wirt, Dart und Billard), **Café de Kuip** 3 (Nr. 75, Rock & Blues live, Darts, Billard, Fußball-Liveübertragungen, auch Bundesliga) und **Café Onder de Pomp**  (Nr. 23, gute Bierauswahl, Live-Events und -musik).

Dorpsstraat 144, 75 und 23, alle auf Facebook

Sport & Aktivitäten

Richtig reingerutscht
Calluna 1

Highlight des Wellenbads ist die 85 m lange Wasserrutsche. Hinzu kommen Whirlpools, Sauna, Dampfbad, Imbiss.

Schumakersweg 3, www.kustparktexel.nl/het-park/zwembad, Öffnungszeiten ▶ Website

Möhren mitbringen
Ponys und Pferde gibt's bei **Manege Kikkert** 2 und **Manege Elzenhof** 3 satt. Auch Strandausflüge, Kutschfahrten.

Bosrandweg 277 (bzw. im Winter Oude Dijkje 41), www.manegekikkert.nl, Bosrandweg 252, www.manege-elzenhof.nl, Preise ▶ Webseiten

Aufs Rad!
Fietsverhuur De Koog 4

Gute Räder, guter Service, freundliches Personal. Auch E-Bikes, div. Zubehör.

Brink 6, www.fietsverhuurdekoog.nl, tgl., im Sommer 8.30–12, im Winter 9–17 Uhr (Rückgabe –17/18 Uhr), Räder ab 9 €/Tag, 36 €/Woche

Wo wilde Wellen wogen
Strand 5

Sehr breit, feinsandig, kinderfreundlich. Bei Paal 17, 19, 19,5, 20 und 21 bewacht (Juni–Anfang Sept.); dort auch **Strandpavillons,** die z. T. ganzjährig geöffnet haben; z. T. mit Kiosk, Shop, Verleih von Strandrollstühlen, Sonnenschirmen, Liegen, Windschutz, Strandhäusern. Yoga am Strand (Paal 19, Surfschule Foamball ▶ unten) Do, So 9.30–10.30 Uhr 12,50 € (inkl Tee/Kaffee).

Everybody's surfing …
Das Surfen ist außerhalb der bewachten Strandabschnitte südlich von Paal 17 und zwischen Paal 17 und Paal 19 erlaubt. Hier liegen einige gute Spots. Surfkurse und Materialverleih bei: **Surfschool Texel** 6 bei Paal 17 und **Foamball** 7 bei Paal 19. Auch Stand-up-Paddling.

surfschool-texel.nl sowie surfschoolfoamball.nl

Unterm Dach hängt hier heute so einiges, was Jan und sein Bruder Klaas am Strand gefunden haben. ›Jutten‹ war früher Abenteuer, aber vor allem lebensnotwendig.

INFOS

Online-Infos: www.dekoogtexel.nl (in niederländischer Sprache)
Gratis-De-Koog-App: Gratis-Download
Bus: Nr. 28 bzw. Texelhopper (▶ S. 115); Tickets gibt's u. a. beim Jumbo-Supermarkt, bei Ecomare und in vielen Hotels.

TERMINE

Neujahrstauchen: 14 Uhr, Paal 20. Nach der Kälte wärmt die Erbsensuppe.
Ronde om Texel: Sa im Juni, www.roundtexel.com. Die spektakuläre Regatta rund um die Insel (Start: Paal 17) ist das weltweit größte Katamaranwettsegeln.
WAVES Festival: Fr–So im Juni, www.roundtexel.com/wavesfestival, parallel zur Ronde om Texel. Sport- und Musikfestival.
Sunbeats Beach Festival: Sa Anf. Juli, www.sunbeats.nl. Dancing on the beach.
Texel Culinair: Wochenende im Sept., www.texelculinair.nl. Kulinarisches Fest, auf dem die Restaurants an Straßenständen ihre Spezialitäten anbieten. Lohnt!
WIND Festival: 1. Wochenende im Okt. bei Paal 20, www.windfestivaltexel.nl. Alles, was fliegt, ist in der Luft.

AUSFLUG VON DE KOOG

S.O.S

Maritiem- en Juttersmuseum Flora

🕮 C 7

»Es ist Freitag, der 28. Dezember 2001. Es stürmt. Am frühen Abend kommt über Schiffsfunk der Notruf eines Frachtschiffs herein …« So begann eine der Geschichten von Jan Uitgeest. Die Rettungsmannschaften brachen sofort auf, die Strandräuber ebenfalls. Der Begründer des Museums entstammte einer alten Jutters-Familie und hat in 75 Jahren texelauf, texelab einiges zusammengetragen. Seit Februar 2023 ist auch das Steuerhaus der alten Fähre Schulpengat zu besichtigen.
Pontweg 141 A, juttersflora.nl, tgl. 10–17 Uhr, 6,25 €, erm. 7,50 €, Kinder unter 4 J. frei

Ganz schön schief hier! – **De Dennen**

Wald ist in den Niederlanden Mangelware, ging doch in früheren Jahrhunderten alles Holz für den Schiffbau drauf – auf Texel sowieso. Brenn- und Bauholz, das gebraucht wurde, suchte man am Strand, und so mancher Dachstuhl auf Texel hat seinen Ursprung in Schiffsmasten. Mit viel Mühe wurde der riesige Kiefernwald angelegt, der heute Naherholungsziel ist. Also, ab in den ›schiefen‹ Wald.

Los geht's bei **Ecomare** 1 (▶ S. 64). Fast wie von selbst läuft das Rad in den Wald. Hell und durchlässig ist es hier, Sonnenstrahlen fallen durch die grüne Decke, verwandeln die Bäume in einen freundlichen Märchenwald und setzen Lichtpunkte auf den dicht bewachsenen Boden.

Der Sonne entgegen

Ungeachtetet seines Namens – *dennen* sind Kiefern – wächst hier heute Mischwald. Im Lauf der Zeit wurde ein beträchtlicher Teil des einstigen Waldes mit Laubbäumen aufgeforstet, worüber sich Buntspecht und Zaunkönig, Kuckuck und Nachtigall freuen. Interessant ist der sichtbare Einfluss von Wind, Salz und Wasser auf das Wachstum der Bäume. Schief sind sie natürlich, weil der Seewind tagein, tagaus auf sie einprügelt. Und diejenigen auf der Nordseeseite des Waldes strecken sich umso höher in die Luft, je weiter sie von der See entfernt und vor dem salzigen Wind geschützt sind.

Heute ist der Wald zum Erholen da, enstanden ist er jedoch Ende des 19. Jh. für die Holzwirtschaft. In schlecht bezahlter Knochenarbeit, um die sich niemand riss. Selbst Arbeitslose vom Festland ließ man kommen, um die 20 Jahre dauernden Arbeiten voranzutreiben. Früher war dieser Teil der Insel Almendeland, trostlos und abgelegen, jeder konnte darauf sein Vieh weiden. Nur die Ärmsten der Armen hausten hier in Hütten, die sie aus Gras- und Heidesoden und auf dem Strand gefundenen Holz errichtet hatten. Entschädigt wurden sie wohl kaum.

Kunst am Wald – ob diese Fahrradskulptur an die vielen Radwege im texelschen Wald erinnern soll?

Auf Nadeln gebettet

Am **Turfveld** (Torffeld) bietet nicht nur der gleichnamige Waldkiosk Anlass zu einem Stopp, sondern auch die **Kampeersnol** 2. *Nol* ist das texelsche Wort für Düne, und wo man einst zeltete *(kamperen)*, wartet heute ein Aussichtspunkt mit Blick auf Wald und Dünen. Der Name Turfveld geht auf die Anlage des Waldes zurück: Der hier stellenweise sehr trockene Boden bereitete den jungen Kiefern Probleme. Die Forstbehörde, Staatsbosbeheer, verfiel auf die Idee, Torfplaggen vom Festland zu holen, in Tümpeln zu tränken und an die Kiefernwurzeln zu legen. Eine geniale Idee!

Am nächsten Aussichtspunkt, der **Fonteinsnol** 3, ist ein Hochstand zu erklimmen. Hier bestimmen noch Kiefern das Bild und ihre Nadeln bilden einen fetten, weichen Teppich, der ordentlich federt. Und falls Sie sich über die eine oder andere Hütte wundern: Kinder dürfen den Wald als Abenteuerspielplatz nutzen.

Ab Ende Januar bedeckt ein milchweißer Teppich den Waldboden: Schneeglöckchen! Blumenzüchter pflanzten in den 1950er-Jahren die ersten Zwiebeln, die sie zuvor an der Loire gesammelt hatten. Dort galten die Frühblüher als Unkraut. Seit Staatsbosbeheer keine Waldparzellen mehr verpachtet, liegt das Geschäft brach. Die größte Chance, auf Schneeglöckchen zu treffen, ist an der Kreuzung Randweg/ Botgrasweg.

WONNEN IM WALD

Wären Hänsel und Gretel doch nur hier gelandet. Bei Naomi und Anni wären sie nicht verhungert. Mitten im Wald liegt der nette Imbiss **Het Turfveld** 1, der Eis, Kuchen und Snacks anbietet. Lecker: die Raspatat-Pommes aus Kartoffelpüree (Nattevlakweg 2, www.turfveld-texel.nl, April– Okt. tgl. 9.30–18 Uhr, sonst nur an Wochenenden und in den Ferien).

WHO THE FUCK NEEDS IBIZA?

Hier fällt die Sonne am Abend soo schön ins Meer. Im **Strandpaviljoen Paal Twaalf** 2 geht's lässig und ungezwungen zu. Die Terrasse ist toll, die Küche ehrlich, es wird mit ausgezeichneten texelschen Produkten gekocht. Und vom Kopf bis zum Schwanz wird alles verwertet, nichts weggeworfen (Jan Ayeslag 2, strandpaviljoen-twaalf.nl, April–Okt. tgl. 10–24 Uhr, €–€€).

Faltplan: C 7–B 9 | **Länge:** ca. 15 km, mit Abstecher nach Den Hoorn und zurück ca. 22 km | Sunny Side up Festival bei Paal Twaalf Fr/Sa Ende Juli

Eierland und der Norden

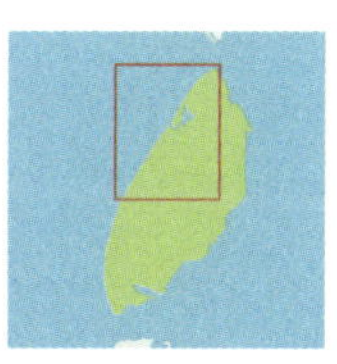

Der charakteristische rote Leuchtturm an der nördlichsten Spitze Texels ist längst zum Wahrzeichen der Insel geworden. Zu seinen Füßen liegen in westlicher Richtung gewaltige Sandplatten, vor ihm das windgepeitschte Robbengat und die Insel Vlieland und zu seiner Rechten Wattenmeer und De Cocksdorp. Das Dorf ist im letzten Jahrzehnt aus seinem Dornröschenschlaf erwacht und zu einem zweiten Touristenzentrum der Insel geworden, nicht zuletzt, weil es ›der‹ Hotspot für Vogelliebhaber ist. Im Rücken des jüngsten Inseldorfs liegen mit die ältesten Dünen der Insel, die Eierlandse Duinen, die nicht nur Vögel schätzen.

Eierland D–G 1–5

Eierland nennt sich das große Ganze im Norden Texels. Das Polderland mit seinen breiten Kanälen ist ein ideales Rast- und Brutgebiet für Zugvögel. Der Eierlandse Polder südlich von De Cocksdorp entstand, nachdem ein pfiffiger Belgier namens De Cock 1835 einen 11 km langen Deich zwischen Texel und dem vorgelagerten Inselchen Eierland errichten und das Deichvorland einpoldern ließ.

Im Zickzackkurs vor der Küste

Dem nördlichen Teil Texels setzten die Naturgewalten ordentlich zu. Bis zum 13. Jh. gehörte Eyerland, wie es sich damals schrieb, zu Vlieland, wurde durch Sturmfluten aber von der Nachbarinsel abgeschlagen. Das **Robbengat** schob sich mit Macht zwischen diese beiden Inseln. Zahllose Schiffswracks sind beredtes Zeugnis für die gefährliche Strömung in der Meerenge. Im 16. Jh. begann das Seegatt zwischen Texel und Eierland allmählich zu versanden. Mit Sanddeichen und Einpolderungen halfen die Menschen ab ca. 1630 nach und rund 200 Jahre später dockte das Eiland im Rahmen gewaltiger Landgewinnungsmaßnahmen endgültig an Texel an. Neue landwirtschaftliche Flächen und teils große Bauernhöfe entstanden. Bis heute ist die Landwirtschaft ein wichtiger Erwerbszweig auf Texel.

Eier für Amsterdam

Seinen Namen verdankt Eierland übrigens der Sammelleidenschaft seiner Bewohner, die vor allem nistenden Silbermöwen ihre Eier klauten und sie gewinnbringend in Amsterdam verkauften – bis zu 30 000 Stück in der Brutsaison. Auch Kaninchen liefen gut: Die Amsterdamer Geflügelhändler orderten nicht selten Schiffsladungen von bis zu 1500 Stück.

Einst ein Arme-Leute-Essen

Die nördlichsten Dünen Eierlands sind auch seine ältesten: die **Eierlandse Duinen,** die z. T. 500 Jahre auf dem Buckel haben. Die heutigen trockenen, kalkarmen und sehr steilen Dünen sind ein Paradies für Blumen – Dünenveilchen und Kreuzblumen, Löwenzahn und Steinbrech geben sich ein buntes Stelldichein. Doch nicht nur sie fühlen sich hier wohl: Auch die Zugvögel schätzen die Dünen und das Gelände zu Füßen des Leuchtturms, wo sie sich von den Entbehrungen des langen Fluges erholen. Häufig bekommen Ornithologen hier seltene Arten vors Objektiv. Ein schönes Panorama bietet die mit 22 m höchste Düne Texels, der **Lemoensberg.** *Lemoen* ist der alte Name

NATIONAALPARK DUINEN VAN TEXEL

Die Idee, die Dünenlandschaft Texels unter Naturschutz zu stellen, mit 5000 ha immerhin rund ein Viertel der Gesamtfläche der Insel, ist alt. Der Naturforscher Jac. P. Thijsse (▸ S. 120) warb bereits in den 1930er-Jahren dafür, die Dünenketten im Westen der Insel zu einem einzigen Nationalpark zusammenzufassen. 2002 ging sein Wunsch endlich in Erfüllung. Ziel des Nationalparks ist es u. a., bestimmte Gebiete zu schützen. Diese sind für die Öffentlichkeit gesperrt, z. T. aber in Begleitung eines Guides zugänglich. Gleichzeitig sollen Einheimische und Gäste die einzigartige Natur genießen: Wander-, Rad- und Reitwege führen durch den Park, an vielen Stellen lassen sich Vögel und andere Tiere beobachten. Staatsbosbeheer hat im nördlichen Teil der Dünen eine 15 km lange Route, die **Wandelroute De Duinen van Texel,** angelegt, die von De Cocksdorp im Norden bis südlich von De Koog führt.

Infos: www.npduinenvantexel.nl/de; Download von Route und Karte (auf Niederländisch): www.staatsbosbeheer.nl/routes/texel/wandelroute-duinen-van-texel; Hunde müssen hier an die Leine genommen werden.

Hübsch anzuschauen sind die Säbelschnäbler und auch ihr Ruf ist melodisch. Ein aufgeregtes, schrilles »Quik Quik Quik« stoßen sie nur aus, wenn zudringliche Möwen oder andere gefiederte Gesellen an ihr Nest wollen.

für *lamsoor*, Strandaster. Wenn Sie meinen, diesen Namen auf den Speisekarten gelesen zu haben, liegen Sie richtig. Diese salzliebende Gemüsesorte macht sich gut auf dem Teller, ist knackig, gesund und lecker. Von Mitte März bis Ende Juni darf man *wildplukken*, sollte sich allerdings mit der Pflanze auskennen!

Wandern

In den Eierlandse Duinen ist ein 5,2 km langer **Naturpfad** ausgeschildert. Er ist grün markiert und nur außerhalb der Brutzeit zugänglich.

Vom Parkplatz am Stengweg über Sebastopol zum Rundwanderweg; zugänglich 1. Aug.–28. Feb.

De Nederlanden

D 5

Raus aus dem Trubel von De Koog, rein in die stille Natur – kein Problem. Nur knapp oberhalb des Badeorts liegt mit De Nederlanden eine der jüngeren Dünenlandschaften der Insel, wo sich nicht nur zahlreiche Vögel wohlfühlen.

Unter Beobachtung

Die Dünen dieses Landstrichs sind besonders steil. Einst nutzten Bauern das Gebiet als Weideland, 2008 wurde es renaturiert und heute wird nur noch ein kleiner Teil verpachtet. Daher nicht wundern, wenn Sie auf (frei laufende) Galloway-Rinder und Schafe stoßen. Besonders schön ist es hier ab Ende August, wenn die Heide die Landschaft violett anstreicht. Den schönsten Blick auf De Nederlanden hat man von der 20 m hohen **Bertusnol.** Über eine steile Treppe geht es rauf auf die ›Düne von Bertus‹. Die Düne heißt nach einem Mitarbeiter der staatlichen Forstbehörde, weil er von hier oben die Touristen in Schach gehalten haben soll, wenn sie die Wege verlassen wollten.

Wandern

Durch De Nederlanden und das sich anschließende Naturschutzgebiet **De Muy** (▶ S. 76) führt eine 4 km lange, blau ausgeschilderte Route. Seit der Renaturierung des Gebiets fühlen sich hier nicht nur Orchideen, sondern auch Rotschenkel und Grutto, Nachtigall und Saateule wieder heimisch.

Start: Parkplatz am Paal 21/Mienterglop

Das Murren der Nordsee – **De Slufter und De Muy**

Einfach der Natur ihren Lauf lassen und es entsteht etwas Schönes, so wie bei der einzigartigen Salzwiesenlandschaft des Slufter. Immer wieder durchbrach das Meer hier die Dünenkette – bis man ihm schließlich seinen Willen ließ. Entstanden ist eine weite Ebene zwischen den Dünen, die bis zum Meer hin offen ist. Im benachbarten De Muy konnte die Dünenkette wieder geschlossen werden, auf den Süßwasserflächen grasen heute Galloway-Rinder. Süß folgt hier auf salzig.

Man schreibt das Jahr 1851. Wüste Stürme fegen über die Insel. Die aufgewühlte See brandet ohne Unterlass gegen die Dünenkette im Norden der Insel, bis diese schließlich an drei Stellen bricht und Meerwasser mit aller Macht ins Land strömt.

Kampf gegen die Elemente

Knapp 170 Jahre später. Zwischen De Cocksdorp und De Koog erstreckt sich mit den Salzwiesen des **Slufter** 1 und dem dicht bewachsenen Dünengebiet **De Muy** 2 ein abwechslungsreicher Küstenstreifen – ein Erbe des Dünendurchbruchs Mitte des 19. Jh. Bei De Muy dauerte es mehr als zwei Jahrzehnte, bis die Lücke in den Randdünen

In die mitunter unwirklich erscheinende Landschaft passen die 2 x 1 Pferdestärke perfekt. Die Belgischen Kaltblüter der Jan Plezier sind ebenso tiefenentspannt wie Kutscher Piet: Sie ziehen den Planwagen in aller Seelenruhe von De Koog bis zum Slufter (ca. 3 Std., mit Kaffeepause, Mo–Sa 10/14 Uhr, Bushaltestelle am Nikadel in De Koog, weitere Natur-Touren, bitte rechtzeitig reservieren, mobil 06 20 09 77 93, www.janpleziertexel.nl, 25 €, erm. 15 €). Wesentlich kleiner als die Kaltblüter sind die Konikpaarden, Wildpferde, die seit ein paar Jahren im Slufter leben. Dringende Bitte: Fernbleiben, sie können aggressiv werden.

So zart – und doch mag das Englische Gras es stürmisch. Zumindest ist es im Slufter dort zu finden, wo das Meerwasser nach Sturmfluten das Land überspült.

wieder geschlossen werden konnte: Der Bau eines zweiten großen Sanddeichs an der Nordseeseite und eines weiteren, kleineren Deichs beim Slufter schob dem Meer einen stabilen Riegel vor.

Sieg der Natur

Anders im Slufter, wo alle Bemühungen scheiterten. Das regelmäßige Überfluten mit Salzwasser ließ hier ein außergewöhnliches Gebiet entstehen, das in ruhigen Zeiten und bei Ebbe von Tümpeln und Prielen durchzogen ist, bei Springflut und Stürmen jedoch zu einem riesigen Binnensee anschwillt. Hier können nur salzwasserresistente Pflanzen wie Grasnelken existieren, die im Frühsommer rosa Farbakzente setzen, oder Strandastern, *lamsoren,* die die Landschaft im Juli und August mit einem lila Pinselstrich überziehen. Ob Limikolen wie Sandregenpfeifer, Eiderenten und Säbelschnäbler, die im nördlichen Slufter brüten, auch auf die bunten Blumen stehen, ist nicht bekannt.

Treppen führen am Slufter- und am Muyweg auf den Deich. Wer einen Blick vor allem bei Ebbe rüberwirft, kann den Slufterkreek, einen breiten Seearm, besonders gut sehen. Er transportiert das salzige Nordseewasser in einem schwungvollen Bogen durch die Landschaft. Auch bei feuchterem Wetter lohnt sich eine Wanderung – mit Gummistiefeln. Gegen frühen Abend ist man hier fast allein.

INFOS/ÖFFNUNGSZEITEN

De Slufter 1: grün ausgeschilderte Wanderroute ab Parkplatz Krimweg (7 km), zurück geht es am Strand; während der Brutzeit gesperrt. Familienwanderweg ab Aufgang Slufterweg (0,8 km); auch für Rollstühle etc. okay.
De Muy 2: blau ausgeschilderte Wanderroute ab Parkplatz Strandpavillon Paal 21 (4 km; ► S. 75); gelb ausgeschilderte Route ab Aufgang Muyweg (6–8 km).

LIFE IST BETTER AT THE BEACH

Frsicher Wind weht hier nicht nur am Strand, sondern nach dem Besitzerwechsel auch im schön eingerichteten **Strandpaviljoen Paal 21** ❶. Über zwei Dünen (gepflasterter Weg) ist eine der schönsten Terrassen Texels erreicht. Hier gibt's Strandfeeling auch drinnen. Dass dann auch noch die Küche vom Snack bis zum Drei-Gänge-Menü perfekt und der Service freundlich ist, macht die Sache rund (Strandslag 21, www.strandpaal21.de, im Sommer tgl. ab 11, sonst nur Mi–So, €–€€, gute Weinkarte). Mit **Strandkiosk.**

KEIN BADEZEUG DABEI?

... und die See lockt? Exakt zw. Paal 26,4 und 27,45 liegt ein **FKK-Strand** ❶.

Faltplan: D/E 2–5

De Cocksdorp

F/G 2/3, Cityplan S. 79

Mit denen ›hinter dem Ruijgendijk‹ wollten die ›echten‹ Texelaars nichts zu tun haben. Die Leute aus Eierland und aus De Cocksdorp galten als Raufbolde, Schläger, Bastarde. Auch wenn sich dieses Image im 20. Jh. langsam wandelte, verharrte der Ort im Inselnorden lange im Dornröschenschlaf.

Im letzten Jahrzehnt aber mauserte sich das jüngste Inseldorf, das 1835 an einem alten Seearm entstanden war, zum zweiten Touristenzentrum Texels. Seine Bevölkerung stieg sprunghaft auf knapp 1200, an der Kikkertstraat reiht sich heute Café an Restaurant an Hotel an B&B. Doch ist es nicht zum Zwilling von De Koog mutiert, sondern bei aller Geschäftigkeit beschaulich geblieben und kommt fast ein wenig bieder daher, was auch seinen Charme ausmacht. De Cocksdorps Kapital ist vor allem die reizvolle Umgebung mit mehreren Natur- und Vogelschutzgebieten, dem Krim-Wald, dem breiten Strand und dem nahen Wattenmeer.

WAS TUN IN DE COCKSDORP?

Des einen Leid, des anderen Freud

Die *Durper* (von *dorp*), wie die Bewohner De Cocksdorps sich selbst nennen, waren früher bitterarm. Daher war *jutten* für sie kein Zeitvertreib, sondern lebensnotwendig. Mit einigem Erfolg ließ sich die Strandräuberei ganz im Norden der Insel ausüben, wo heute der 35 m hohe **Leuchtturm** 1 steht. Die starke Strömung zwischen Texel und Vlieland und die sich beständig verändernde Lage der Sandbänke ließ nicht wenige Schiffe mit Mann und Maus untergehen, zwischen 1848 und 1860 allein 72! Da verwundert es nicht, dass Texel bis heute beliebtes Ziel von Wracktauchern ist.

Lichthöhe 53,2 m über Normalnull

Um weitere Schiffsunglücke zu verhindern, wurde 1864 schließlich der Leuchtturm errichtet, der längst zum Wahrzeichen der Insel geworden ist. Damals stand der 35 m hohe *vuurtoren* allerdings noch 3 km vom Meer entfernt. Doch die Nordsee nagte hier so arg an der Küste, dass es zum Schluss aussah, als kippe der Turm ins Wasser. Ein 850 m weit ins Meer hinaus gebauter Stein- und Asphaltdamm sollte verhindern, dass noch mehr Dünen und Strand verschluckt wurden – mit größerem Erfolg als gedacht.

Kleine, schöne Ausstellung; www.vuurtorentexel.nl/de, Mitte Feb.–Anf. Nov. tgl. 10–17 Uhr, 5,50 €, Kinder unter 4 J. freier Eintritt

Wilde Wasser

Über den Vuurtorenweg ist es ein Katzensprung vom Leuchtturm ins Dorf. Vorne tut sich die **Roggesloot** auf, ein breites Gewässer, das sich einst wenig friedlich präsentierte und Eierland von Vlieland trennte. Hier fing man Rochen, kochte ihre Leber und verkaufte den so gewonnenen Tran. 1835 mutierten die wilden Wasser zum zahmen Binnengewässer. Die Rochen blieben und entwickelten sich vom Salzwasser- zum Süßwasserfisch. Inzwischen sind sie Geschichte, doch über die Fischtreppe gelangen andere Fische wieder ins Wattenmeer. Schön im Winter: Die Roggesloot wird zur Bühne für hin- und herflitzende Schlittschuhläufer. Das schilfbestandene Ufer ist nicht nur dann sicherer Hafen für vielerlei Entenvolk.

Unter dem Dach Gottes

Die **Molenlaan,** die Mühlenallee, verdankt ihren Namen wie anzunehmen einer ehedem hier ihre Flügel im Wind drehenden Mühle. Diese stand gegenüber der römisch-katholischen **Kirche** 2, deren Kreuzbalken und Kruzifix (1877) übrigens aus Wrackholz gefertigt sind. Bis 2007 war die Molenlaan eine bezaubernde Allee, quasi die Visitenkarte des Dorfs. Dann schlug die Ulmenkrankheit auch hier zu, die Bäume mussten gefällt werden. Heute stehen

DE COCKSDORP

Sehenswert
1 Leuchtturm
2 Kirche
3 Vogelinformatie-centrum Texel
4 Waddenkerk

In fremden Betten
1 Boutique Hotel Texel/ Restaurant Gusta
2 Hotel Molenbos
3 Hotel 't Anker
4 BnB De Moerbei Texel
5 Pension De Klok

Satt & glücklich
1 Eethuus van het Wad
2 Eetcafé De Rog
3 Lange Ben
4 IJsboerderij Labora

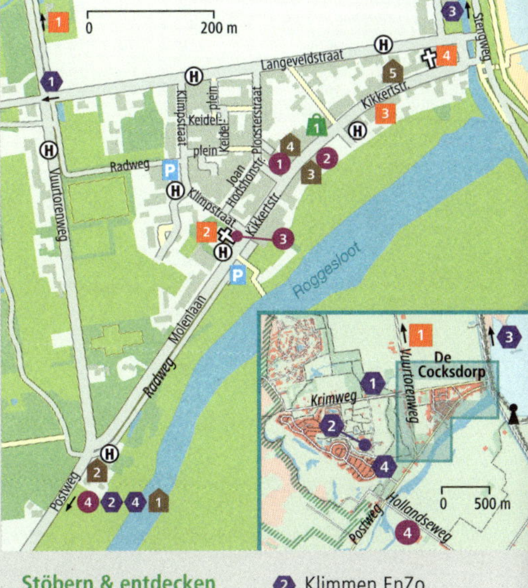

Stöbern & entdecken
1 Vlinderwinkel

Sport & Aktivitäten
1 Rijwielverhuur Van Tongelen
2 Klimmen EnZo und Kinderspeel-paradijs
3 De Eilander
4 Golfbaan De Texelse

hier neue, angeblich resistente Ulmen, schmale Bäumchen, die noch eine Weile brauchen, bis sie den alten Riesen das Wasser reichen können.

Francisca Romana Kerk, Molenlaan 2, von ca. Ostern bis zu den Herbstferien tgl. geöffnet, im Juli & Aug. Sa um 19.30 Uhr deutscher Gottesdienst

Vogelverrückt

Die **Kikkertstraat** ist nicht nur belebter ›Boulevard‹ sondern auch Ziel der Ornithologen und Vogelliebhaber, die im **Vogelinformatiecentrum Texel** 3 gern länger bleiben. Hier bekommen Sie nicht nur Infomaterial, Karten, Bücher und Filme, sondern auch wertvolle Tipps, welche Vögel sich gerade auf der Insel tummeln, können sich zu Vogelexkursionen anmelden (www.vogelexcursies texel.nl) und Ferngläser ausleihen. Im Shop **De Verrekieker** gibt's Ferngläser, Teleskope, Nistkästen etc.

Kikkertstraat 42, T 0222 31 62 49, www.vogel informatiecentrum.nl, Mo– Sa 10–18 Uhr, auch Onlineshop

Rote Tupfen

Der Kikkertstraat macht richtig Spaß, viele Häuser sind liebevoll hergerichtet, die schmalen Vorgärten bepflanzt, die Restaurantterrassen belebt. Die Schwedische Mehlbeere hübscht das Dorfbild auf und setzt im Herbst mit kugeligen Früchten blutrote Akzente. Das Gebäude an der Nr. 85 fällt durch seinen charakteristischen Glockenturm auf. Die **Waddenkerk** 4 ist gut 35 Jahre älter als ihre katholische Schwester. Wer Zeit hat, sollte sich die prunkvolle Eichenholzkanzel aus dem 17. Jh. mit den feinen Schnitzereien anschauen, die einst, man ahnt es, eine andere Kirche zierte.

Kikkertstraat 85, Juli/Aug. üblicherweise Mo–Do 13–16, Fr 11–13.30 Uhr

Alles außer langweilig – **Radtour in Texels wildem Westen**

Im Westen der Insel folgen aufeinander: eine gewaltige Sandplatte, Dünen, Salzwiesen, Süßwasserseen, immer wieder Dünen und Dünentäler, Polder, Wald, Heide, Flugsanddeiche, Salz- und Süßwasserseen, Sandriffe und zum Abschluss wieder eine mächtige Sandplatte. Und das alles auf nicht einmal 30 km. Also nix wie aufgesattelt und in die Pedale getreten!

Bei klarem Wetter ist die Sicht vom **Leuchtturm** 1 nach einem nicht sonderlich anstrengenden Aufstieg vorbei an diversen Ausstellungsstücken wunderschön. Die Einschusslöcher, die man unterwegs passiert, stammen aus dem Georgieraufstand (► S. 4) im April 1945. Ihretwegen hat der Turm einen zweiten Mantel erhalten und ist etwas fülliger. Er war die letzte Bastion der Aufständischen.

Start ist am knallroten **Leuchtturm** 1 mit Blick auf die gewaltige Sandplatte an der Nordseeseite. Durch den im Norden wie im Süden einer **Buhne** angeschwemmten Sand ist diese innerhalb von gut 20 Jahren entstanden und nicht nur für Stuntflieger und Blokarts attraktiv. Schwimmen ist wegen der lebensgefährlichen Strömung jedoch nicht erlaubt. Seehunden scheint das nichts auszumachen, sie dümpeln hier gerne herum.

McDrive für Zugvögel

Vorbei an den **Eierlandse Duinen** 2, uralten Bastionen aus Sand und Strandhafer, die jahrhundertelang den Elementen trotzten, führt der Zanddijk zur einzigartigen Salzwiesenlandschaft **De Slufter** 3, die das Meer schuf, und weiter zum

Autorin vor Leuchtturm. Noch ist gut lachen – die 30 bzw. 60 km Radweg liegen ja auch noch vor ihr …

Vogelparadies **De Muy** 4 mit mehr als 50 Vogelarten. Kurz vor De Koog, in der Wiesen- und Heidelandschaft des kleinen Polders **De Nederlanden** 5 bietet sich von der Düne **Bertusnol** ein weiter Rundblick. Nach Passieren des Ferienorts De Koog führt der Weg am Waldrand (Ruyslaan) entlang und streift den Dünengürtel bei **Ecomare** 6. Immer parallel zum Strand geht es über den Randweg in das Waldgebiet **De Dennen** 7. Selbst bei starkem Wind lässt es sich auf den geschützten Wegen mühelos radeln.

Wattenmeer en miniature

Nach Verlassen des Waldes führt der Radweg (Rommelpot) vorbei an den ausgedehnten Heideflächen der **Bollekamer** 8 bis nach Den Hoorn. Krähenbeere, Besen- und Glockenheide überziehen das Dünengebiet vom Frühjahr bis zum Herbst mit sattem Violett. Letzte Station ist die **Mokbaai** 9, ein Mini-Wattenmeer. Und jetzt geht es zurück …

Am Dünensee Muyplas tummeln sich zur Brutzeit Fischreiher, Löffler und zig Enten. In Spätsommer und Herbst essen sich Singvögel vor dem Start in den Süden an den Holunder- und Sanddornsträuchern satt und im Frühjahr singt die Nachtigall noch lange nach Einbruch der Dunkelheit. Dohlen, Brandgänse und Hohltauben machen es sich in verlassenen Kaninchenhöhlen gemütlich und die Langohren hoppeln Haken schlagend durchs Gebüsch.

INFOS/ÖFFNUNGSZEITEN

Leuchtturm 1: 118 Stufen – und die spitzenmäßige Aussicht ist erreicht; ▶ S. 78
Ecomare 6: ▶ S. 64

RADLERS RAST

Wer radelt, soll auch rasten. Etwa im **Café-Restaurant De Slufter** 1, einem Traditionslokal, das seit 1936 besteht. So lange ist Henk noch nicht dabei, doch hält er schon seit Jahren Preis und Qualität der Gerichte (Slufterweg 1, www.caferestaurantdeslufter.nl, ab März tgl. geöffnet, €–€€). Mitten im Wald liegt **Het Turfveld** 2, wo man entweder picknicken, grillen (Einrichtungen vorhanden) oder im loungigen Waldkiosk einkehren kann (▶ S. 71). Hier sind die *raspatat* der Renner: eine Art Kartoffelpüree in Form gepresst und frittiert.

Faltplan: F 1–C 10 | **Länge:** bis de Koog ca. 13 km, von dort bis Den Hoorn ca. 11 km, weiter bis De Hors ca. 4 km, **Dauer:** mit Besuch von Ecomare Tagestour

SCHLEMMEN, SHOPPEN, SCHLAFEN

In fremden Betten

Klompen vor der Tür
Boutique Hotel Texel 1
Hier setzt man auf Tradition, ohne auch nur ansatzweise altbacken zu sein. Dass Besitzerin Marianne auf Gastfreundschaft schwört, ist ein weiteres Plus. Das Hotel liegt in Dorfnähe ruhig und schön an der Roggesloot. Die Zimmer sind so, wie man sich selbst gerne einrichten würde: modern, hell, freundlich und megakomfortabel (mit Michelin-Empfehlung). Das super **Restaurant Gusta** (▶ S. 83) und ein Spa der besonderen Art – *Wool*ness, nicht Wellness – komplettieren das Angebot. Ach ja, die Klompen stellt man raus, wenn man nicht gestört werden will.
Postweg 134, www.hoteltexel.com, mit Pool und Spa, super Frühstück, €€–€€€/F

Wellness im Wollbad? Das gibt es nur auf Texel! Marjet umwickelt Erholungssuchende nach altem texelschen Brauch mit naturbelassener, gereinigter Schafwolle und bettet sie in eine Holzkrippe. Wolldecke drüber, fertig! (Spa Woolness, im Boutique Hotel Texel, ▶ o., 60/90 Min. 65/85 €.)

Warm welcome
Hotel Molenbos 2
Schon in den Zimmern des netten, kleinen Hotels an der Roggesloot beschleicht einen Strand-Feeling. Das Personal liest einem die Wünsche von den Augen ab. Unbedingt die Zimmer nach hinten raus wählen (z. T. mit Terrasse/Balkon zum Garten), dann ist es trotz Dorfnähe sehr ruhig. Da das Haus zum Ferienpark De Krim gehört, sind der Golfplatz mit 30 % Ermäßigung und das Hallen- und Freibad im Ferienpark gratis nutzbar. Leckeres Frühstück. Radverleih am Hotel.
Postweg 224–226, www.krim-texel.de/hotel-molenbos, €€/F

Grüne Denke
Hotel 't Anker 3
Die hilfsbereiten Wirtsleute machen den Gästen das Leben leicht. Das Haus besitzt acht schlicht eingerichtete kleine und größere Zimmer und morgens wartet ein üppiges, sehr leckeres Frühstück mit lokalen, hausgemachten Produkten. Margreet & Bas legen viel Wert auf die Qualität ihrer Zutaten und arbeiten möglichst energiesparend. Zimmer nach hinten zur Roggesloot raus buchen. Mit Garten.
Kikkertstraat 24, https://hotelhetankervantexel.nl, €€/F

Unter dem Maulbeerbaum
B&B De Moerbei Texel 4
Dieses B&B logiert in einem schön restaurierten Bürgerhaus von 1890. Die blau gestrichenen Fensterläden sind ein Hingucker wie vieles hier. Das B&B ist Ester und Norbert ein Herzensanliegen und so wird man auch begrüßt. Sie selbst kamen jahrelang als Urlauber nach Texel und möchten nun ihren Gästen ein tolles Inselfeeling vermitteln! Die Zimmer sind gemütlich (alle drei mit eigenem Essbereich), der Umgang ist familiär, das leckere Frühstück wird auf dem Zimmer oder unter dem mehr als 100 Jahre alten Maulbeerbaum serviert, dem das Haus seinen Namen verdankt. Großer Garten. Nach den Zimmern zum Garten fragen.
Kikkertstraat 17, bnbdemoerbei.nl/de, €€/F (bei Online-Buchung 10 % Ermäßigung)

Frühstück im Bett
Pension De Klok 5
Fürs kleine Portemonnaie empfehlen sich diese schlichten, sauberen und zweckmäßig eingerichteten Zimmer. Unschlagbar sind neben dem Preis (ab 29,50 € pro Person) das Frühstück und die Entfernung zum Meer (150 m). Wer mag, bleibt im Bett liegen, Anja bzw. Fred serviert das Frühstück auf dem Zimmer.
Kikkertstraat 69, www.pensiondeklok.nl, €/F

Satt & glücklich

Pannekoek – von klassisch bis ohlala
Eethuus van het Wad 1
Gut belegte Pfannkuchen stehen hier im Mittelpunkt – von klassisch mit Käse, Speck oder Puderzucker bis experimentell mit Lammschinken und Schafskäse, Hähnchen ›piri piri‹ oder *boerenjongens* (Likör mit Rosinen), Eierlikör und Sahne! Bas setzt auf texelsche Produkte, auch bei den Quiches, Suppen, Salaten und dem Eis (von IJsboerderij Labora)!
Kikkertstraat 9, eethuusvanhetwad.nl, tgl. 11–19 Uhr, €

Genießen ist eine Kunst
Eetcafé De Rog 2
Die Karte des mitten in der Kikkertstraat gelegenen Eetcafés ist sehr umfangreich, die Küche gut. Gleiches gilt für den Service. Begeistern tun die beiden Terrassen, vorne ist man mitten im Geschehen, hinten hat man's ruhig und gemütlich. Käsefondue geht immer. Tipp: ›Proeverij de Rog‹ – hier kann man unterschiedliche Gerichte ausprobieren. Lecker sind auch z. B. der Rindereintopf und das vegetarische ›Roti‹ mit Erbsen, Bohnen und Massala-Kartoffeln.
Kikkertstraat 28, www.derog.nl, Do–Mo ab 16 Uhr, €–€€

Kleine Geschmackssensationen
Restaurant Gusta 1
Das Restaurant des Hotel Texel gilt als eines der besten der Insel. Neben ausgezeichneten lokalen, saisonalen Produkten überzeugen Robins Kreativität und sein Sinn fürs Styling. Eher kleine Portionen.

Rund um De Cocksdorp liegen die breitesten Strände der Insel. Hoch oben im Norden pustet der Wind meist ordentlich, also Drachen einpacken!

Adresse etc. ▸ S. 82, tgl. 12.30–21 Uhr, reservieren empfohlen, €€–€€€

Fantastische Fritten & frischer Fisch
Lange Ben 3
Eine Institution ist der Fischwagen, der vor der Kirche steht. Für den kleinen Hunger gibt's Fisch *(kibbeling, lekkerbek,* Scholle etc.*)*, selbst geschnitzte Pommes, div. andere Snacks und Softeis. Mit einigen Tischen vor dem Wagen.
Molenlaan 4, Ostern bis zu den Herbstferien Di–So 12–19 Uhr, €

Wunderwelt Wattenmeer – **Wattwanderung ab De Cocksdorp**

Das Wattenmeer ist als UNESCO-Weltnaturerbe geschützt. Warum noch mal genau? Das erfahren Sie auf einer Wattwanderung. Die ist nicht nur informativ, sondern auch meditativ, wenn der Schlamm zwischen den Zehen hervorquillt. Und bei genauem Hinsehen merken Sie, was hier eigentlich alles los ist. Sie hören, wie sich die Muscheln leise schließen, wie das Watt stöhnt, wie der Löffelreiher frühstückt. Und sehen mit Glück einen Seehund, der sich sonnt.

Austern gibt es auf dem Wattboden reichlich, man muss nur wissen, wo. Und das weiß niemand besser als der ›texelsche Austernmann‹ Martin. In einer eineinhalb bis zwei Stunden dauernden Wattwanderung lernt man alles über Austern, die Mythen, die sich um sie ranken, und auch, wie man ihre Schale öffnet. Klar, dass auch probiert wird (www.detesselse oesterman.nl).

Treffpunkt ist das Deichmonument **De Schicht** 1 bei De Cocksdorp. Es zeichnet die Ostküste der Insel nach und ist stählerner Fingerzeig dafür, dass Texel seine Deiche in den Jahren 1961 bis 1981 auf Deltawerk-Höhe gebracht hat. Wer den Deich an dieser Stelle erklimmt, hat einen super Blick aufs Wattenmeer und die Ringelgänsekolonie Zeeburg.

Watt gibbet hier?

Doch erst einmal kontrolliert Guide Jan unser Schuhwerk und weist auf die Gefahren bei rasch einbrechender Flut wie urplötzlich aufziehenden Sichtnebel hin. Unbedingt seinen Anweisungen Folge leisten, ist die Quintessenz des Ganzen. Nun aber ab ins glibberige Watt. Die nächsten anderthalb Stunden und 5 km heben wir den Blick kaum vom Boden. Erfahren, dass die kleinen Spaghettihäufchen auf dem Meeresboden Ausscheidun-

Guck mal, ein Seehund! Die süßen Viecher mit den Knopfaugen werden auf Sandbänken geboren und verbringen einen großen Teil ihres Lebens in der Nähe des Wattenmeers, unternehmen aber auch ordentliche Schwimmtouren durch die Nordsee.

gen von Wattwürmern und der sauberste Sand der Welt und gar nicht »igitt« sind. Fassen Quallen an, lernen, dass Garnelen ihr Geschlecht wechseln können und die Einheimischen früher Strand-Beifuß als Mittel gegen Flöhe in ihre Matratzen stopften.

Niemals ohne einen Führer

Auf dem schwarzen Schlick lässt's sich fast wie auf Eis gleiten, zumindest mit ein bisschen Übung. Die eine oder der andere macht aber auch ungewollt nähere Bekanntschaft mit dem Schlamm und kommt gar nicht so schnell und meist auch nicht ohne Hilfe wieder raus. An einigen Stellen heißt es zügig weiterlaufen, sonst bleibt man stecken. Gut, dass wir Jan dabei haben! Wer nun noch gut zu Fuß ist, lässt die Gummistiefel gleich an, wechselt gegenüber aufs Land und trifft bei der **Dorpzicht-Route** 2 auf vielerlei gefiederte Freunde.

Im Norden Texels ist Kaap Noord ›the place to be‹. Gerade nach einer Wattwanderung kann man sich hier prima wieder aufwärmen. Oder im Sommer vor dem Pavillon direkt am Strand hocken – nur gut 10 m vom Meer entfernt (Volharding 4, Paal 33, www.strandpaviljoen kaapnoord.nl, Mi–Mo ab 10 Uhr, €–€€, leckere ›broodjes‹, Tipp: ›Juttersplank‹, Strandräubermahlzeit auf dem Holzbrett, mit kalten und warmen Speisen).

INFOS

Wattwanderung 1: über Ecomare (► S. 64) oder www.txgids.nl/de bzw. www.nm.nl buchen. Nur mit fest anliegenden Gummistiefeln oder Surfschuhen machbar; bei Kindern sollten die Gummistiefel bis zu den Knien reichen. Warm anziehen, im Watt kann es frisch werden.

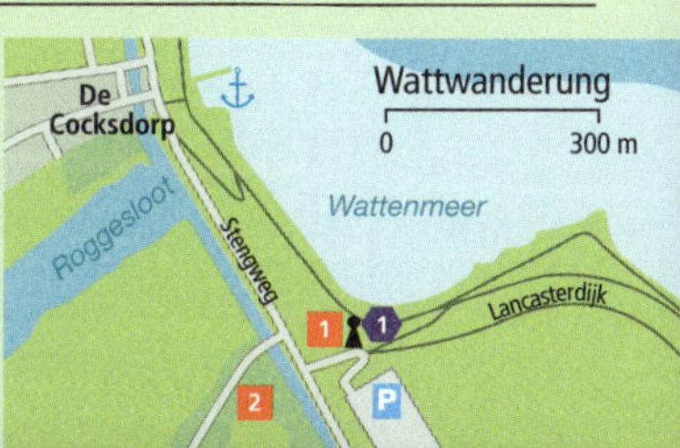

Faltplan: G 3 | **Dauer:** 1,5–2,5 Std., **Start:** am Monument De Schicht (Stengweg/ Lancasterdijk); **Länge Dorpzicht:** 5 km, **Dauer:** mit Besuch Vogelguckwand 2 Std.

Ice ice baby!
IJsboerderij Labora ❹
Der Eisbauernhof bietet eine so große Palette von Eissorten (ohne Farb- und Konservierungsstoffe), dass ein Urlaub nicht ausreicht, alle durchzuprobieren. Zum Mitnehmen gibt's 0,5-l-Behälter. Mit großem Spielgelände und Terrasse.
Hollandseweg 2, www.ijsboerderijlabora.nl, tgl. Mitte Feb.–April 12–17, Mai–Aug. 11–20, Sept., Okt. 12–17 Uhr, Nov.–Mitte Feb. geschl., Führungen

Stöbern & entdecken

Sammelsurium
Vlinderwinkel 1
Der Vlinderwinkel ist spezialisiert auf ungewöhnliche Souvenirs, darunter die namengebenden (Metall-)Schmetterlinge.
Kikkerstraat 25, www.vlinderwinkel.nl, ab Ende März Di–Do, Sa 11.30–16 Uhr

Sport & Aktivitäten

Strand
Sehr breit, feinsandig, kinderfreundlich; bei Paal 28 Juni–Sept. bewacht; ganzjährig mit Pavillons bei Paal 28, 31, an der Wattenmeerseite bei Paal 33. Baden zw. Paal 31 und 33 lebensgefährlich! **Windsurfen** ist am bewachten Strand erlaubt.

Aufs Rad!
Van Tongelen Rijwielverhuur ❶
1a-Verleih von Rädern, E-Bikes, Scootern.
Krimweg 10, www.fietsoptexel.nl, ab 11 €/Tag, ab 39 €/Woche

Einhaken und los
Klimmen EnZo ❷
Anspruchsvoller Kletterparcours für Jung und Alt. Im Park liegt auch das **Kinderspeelparadijs** (www.krim.nl, Eintritt frei), ein Indoor-Spielplatz mit Suchtfaktor.
Im Ferienpark De Krim, Roggeslootweg 6, www.klimmenenzo.nl, April–Okt. tgl. 11–18 Uhr, 16 €, Kids erst ab 10 J. und 1,30 m, unter 10 J. nur in Begleitung eines Erwachsenen

Unterwegs auf zwei Kufen
De Eilander ❹
Katamaransegeln leicht gemacht an brandungsfreier Stelle in Texels Norden.
De Volharding 6, www.deeilander.nl, Ende April–Ende Sept. tgl. ab 9.45 Uhr, Tarife ▸ Website

Abschlag in den Dünen
Golfbaan De Texelse ❺
Beliebte, anspruchsvolle 18-Loch-Bahn.
Roggeslootweg 3, www.texelse.nl, div. Tarife ▸ Website, Golfschule, -shop, -ferien, Restaurant

Wandern
Die Route durch den in den 1980er-Jahren angelegten **Krimbos,** den jüngsten Wald des Landes, ist dunkelblau

DAS FESTIVAL DER RIESEN-FERNROHRE

Eine sehr beliebte Veranstaltung ist das **Wadden Vogelfestival.** Im Mittelpunkt des Wochenendes im Mai, bei dem sich alles um die Vögel der Insel dreht, steht der **Big Day.** Fahrradteams, deren Mitglieder sich abwechseln, versuchen innerhalb von 24 Stunden so viele Vogelarten wie nur möglich zu erspähen – gezählt wurden bislang zwischen 150 und 180, darunter so seltene Exemplare wie Gänsegeier, Bienenfresser und Zitronenstelze. Start des Spektakels ist freitags um 24 Uhr und sein Ende am Samstag um Mitternacht. Sonntagmorgens ist Siegerehrung. Außerdem werden im Rahmen des Festivals diverse Vogelkunde-Exkursionen angeboten, und von den **Vogel-Aussichtspunkten und -hütten** hat man gute Einblicke in die Schutzgebiete, so bei der Buhne am Leuchtturm, an der ›Vogelwand‹ bei Het Dorpgezicht südlich von De Cocksdorp oder bei De Waal von der Schutzhütte am Westerkolk in das Gebiet Waal en Burg (▸ S. 35). Das Festival findet Anfang/Mitte Mai statt (www.wadden vogelfestival.nl).

Kein Schiff in Sicht. Erst nach Ostern läuft die ›Vriendschap‹ hier gen Vlieland aus.

gekennzeichnet und streift blumenreiche Lichtungen und Wassertümpel (6 km).
Start: am Roggeslootweg kurz nach dem Busstopp

Radfahren

Die **Zwei-Inseln-Route** führt über die ›alten Inseln‹ Eierland und Texel (Leuchtturm – De Cocksdorp – Deich – Oosterend – De Koog – Slufter – Leuchtturm).
Länge: ca. 36 km; Infos: www.texel.net

Fallschirmspringen

Im **Paracentrum Texel (**🕮 E 5) am Flughafen können Kurse, Tandemsprünge und Rundflüge gebucht werden.
Postweg 128, www.paracentrumtexel.nl, April–Okt. tgl., mit schönem Restaurant

INFOS & TERMINE

Online-Infos: http://decocksdorp.info (in niederländischer Sprache)
Bus: mit dem Texelhopper (▶ S. 115); Tickets gibt's u. a. beim Plus-Supermarkt.
Durper Markt: im Juli/Aug. Do. Flohmarkt und vieles mehr. Gut besucht.
Durper Tuinen en Straatfeest: 1. Sa im Sept., 17–22.30 Uhr. Mit großem Flohmarkt, Livemusik, Kinderamusement, div. Aktivitäten, Essständen u. v. m.

AUSFLUG VON DE COCKSDORP

Der Krieg nach dem Krieg

Luchtvaart- & Oorlogsmuseum Texel 🕮 E 5

Nach einem Facelift stehen im Museum zur texelschen Luftfahrt und zum Zweiten Weltkrieg neben den Themen ›Der Atlantikwall auf Texel‹, ›Der Luftkrieg über Texel‹ und ›Die Befreiung‹ vor allem der **Aufstand der Georgier** im April/Mai 1945 im Fokus. In der Nacht auf den 6. April 1945 töteten die hier als Hilfstruppen der Deutschen stationierten georgischen Soldaten mehr als 400 Deutsche im Schlaf. 1941 waren die Georgier mehr oder weniger freiwillig zum Feind übergelaufen. Da Hitler-Deutschland nun kurz vor der Niederlage stand, fürchteten die Kaukasier die Rache Stalins und machten kurzen Prozess mit den Deutschen. Bis zu diesem Zeitpunkt war Texel von den Kriegshandlungen weitgehend verschont geblieben. Bis zur Befreiung der Insel durch die Kanadier am 20. Mai (14 Tage *nach* der Kapitulaton Deutschlands!) starben 117 Einheimische, 470 Georgier und 2300 Deutsche im Kampf. Im gegenüberliegenden Bunker De Vlijt ist eine tolle Ausstellung zum Thema zu sehen.
Postweg 126, am Flugplatz, lomt.nl, April–Okt. tgl. 10–17 Uhr, 7,50 €, Kinder unter 13 J. 4,50 €

Durch Meer und Wüste – **bei den Nachbarn auf Vlieland**

Ahoi! Mit einem alten Fischkutter geht's zur Nachbarinsel – Seemannsgarn gibt's gratis dazu. Nach dem Auf und Ab der Wellen folgt das nächste Abenteuer, nun zu Lande: Denn an der mehr als 100 Jahre alten Rettungsstation wartet schon der Vliehors Expres auf Gäste, um sie durch die ›Sahara des Nordens‹ zu kutschieren, und das unter Bombenbeschuss …

▶ INFOS

… über die kleinste bewohnte Insel des niederländischen Wattenmeers gibt es hier: vlieland.org/de.

Doch erst einmal zurück auf Start, und der ist beim wohl schönsten Strandpavillon Texels, **Kaap Noord** ❶ (▶ S. 85), an einem der meistfotografierten Orte Texels, dem romantischen **Landungssteg** 1, an dem die ›Vriendschap‹ vor Anker liegt.

Landeier treffen auf Seebären

Über den Steg geht es an Bord der ›Vriendschap‹, wo Skipper und Steward die Gäste begrüßen. Seit 1983 tuckert der Fischkutter in der Saison zu den Nachbarn nach ›Vlie‹ rüber – die bis heute einzige regelmäßige Fährverbindung zwischen den Watteninseln – und fährt zwischendurch zu den Robbenbänken im Eijerlandse Gat. Die Stimmung an Bord ist gut, und als das Schiff 40 Minuten später anlegt, wären viele gerne noch geblieben.

Das **Posthuys** ❷ verdankt seinen Namen dem Insel-Postillion, der hier sein Quartier aufgeschlagen hatte. Einst transportierte er die Post mit Pferd und Wagen zum 8 km entfernten Treffpunkt mit dem texelschen Postboten auf dem Vliehors. Von dort wurde sie mit dem Boot nach Texel und dann nach Amsterdam gebracht. Innerhalb von zehn bis zwölf Stunden hatten die Seebriefe via Den Helder ihr Ziel erreicht. 1927 ersetzten Postflugzeuge die Postillione.

Unter Beschuss

Gut 150 m ist der Vlieländer Steg lang und er führt in die Wüste. Sand, Sand und nochmals Sand, so weit das Auge reicht. Die gewaltige Sandebene des **Vliehors** 2 nimmt fast die Hälfte der Insel ein und wird wenig bescheiden auch ›Sahara des Nordens‹ genannt. Seit Ende des Zweiten Weltkriegs dient sie als militärisches Übungsgebiet. Tiefflieger donnern über die Sandfläche hinweg und schmeißen Bomben. Keine gute Idee also, hier auf eigene Faust rumzulaufen. Bis zum **Reddingshuisje** 3 geht es noch zu Fuß. Die alte Rettungsstation auf Stelzen ist eines der Wahrzeichen der Insel und findet sich auf vielen Postkarten. Dort setzt sich bald der umgebaute MAN-Lastwagen in Bewegung – und die Flieger warten. Warum? Ganz einfach, der **Vliehors Expres** hat eine Sondergenehmigung.

Durch den Treibsand

Neben dem Militär könnten auch die Flut und der tückische Treibsand Wanderern zum Verhängnis werden. Aber wer will schon wandern, wenn die Alternative dieses ›amphibische‹ Fahrzeug ist, das brav durch Sand und Wellen schaukelt? Ein paar Seehunde lassen sich auf dem Sand sehen und nach der letzten Düne geht es am Vogelschutzgebiet **De Kroon's Polders** 4 vorbei zum **Posthuys** 2, der einstigen Poststation. Hier warten Café und Leihfahrrad, mit dem Sie die Insel erkunden können. Am späten Nachmittag geht's zurück nach Texel. Auf demselben Weg wie einst der Postillion.

▶ LESESTOFF

Was machen die denn da? Wunderbar lebendig und einfühlsam erzählt Vonne van der Meer in ihren drei Romanen von den Sommergästen des Ferienhäuschens Dünenrose – aus der Sicht der Putzfrau. Macht Lust auf Inselurlaub (»Inselgäste«, »Die letzte Fähre«, »Abschied von der Insel«).

INFOS/ÖFFNUNGSZEITEN

De Vriendschap & Vliehors Expres: Infos waddenveer.nl/de, vliehors-expres.nl, Kombitickets online oder bei De Noorman, Volharding 2 A (gegenüber Rettungshaus am Pavillon), Kombiticket 37,50 €, erm. 30 € (unter 3 J. frei), weitere Infos ▶ Webseiten
Reddingshuisje 3: www.vliehors-expres.nl/drenkelingenhuisje, dient heute als **Juttersmuseum** (Strandräubermuseum) mit vielen Strandfunden – bislang skurrilster Fund: ein Gebiss – und sehr beliebtes Traulokal.
Kroon's Polders 4: mehr als 120 Vogelarten, die Eiderentenkolonie ist einzigartig, mit Vogelbeobachtungsstation

---

HIER WILL ICH NIE WIEDER WEG!

Besonders die windgeschützte Terrasse des **Posthuys** 2 ist genial und das familienfreundliche Restaurant nur 5 Min. vom **Strand** entfernt (posthuysvlieland.nl, in der Saison 8.30–22 Uhr, Snacks, Salate, Burger €, tolle *appeltaart*, **Räder** auf Anfrage, auch DZ €€/F). Abfahrt der **Buslinie 1** ins Dorf, Pendelbus um 17.30 Uhr ab Vlieland-Dorp und zurück.

Faltplan: Karte 2 E–H 8–10 | 15 km vom Posthuys mit dem Rad bis Dorf Oost-Vlieland und zurück

Die Wattenseite

West- und Ost-Texel könnten unterschiedlicher kaum sein. Während im Westen der Nordseestrand lockt, wabert im Osten das Wattenmeer. Auf den ersten Blick vielleicht nur fieser Glibber, doch tatsächlich eines der größten Ökosysteme der Erde, das von Ebbe und Flut abhängig ist. Auf der Wattenseite läuft alles langsamer ab und auch man selbst scheint hier zum Müßiggänger zu werden: beobachtet Löffler und Co. am Vogelboulevard, macht Radtouren auf dem kilometerlangen Deich, besucht die gemütlichen Dörfer. Aufregender wird's höchstens freitags, wenn die Fischereiflotte in den Hafen von Oudeschild einläuft.

Vogelboulevard

🕮 G 3–D 10

Näher als hier kommt man nicht an die Vögel ran. Wird Zeuge der ersten staksigen Schritte eines jungen Säbelschnäblers. Beobachtet den Löffler bei der Nahrungssuche. Erlebt den Paarungstanz der Brandseeschwalbe in der Luft – alles aus geringer Distanz und ohne die Tiere zu stören. Mit der Einrichtung des Vogelboulevards 2015 ist Natuurmonumenten eine Meisterleistung gelungen. Circa 20 vogelreiche Naturgebiete reiht der Boulevard entlang des Deichs von Nord nach Süd aneinander und es werden ständig mehr.

Paradies für Vogel und Vogelfotograf

Texel liegt günstig an den großen Vogelzugrouten zwischen Nord- und Mitteleuropa bzw. Südeuropa und Nordafrika. Auf ihren Reisen ist die Watteninsel im Herbst und Winter der beliebteste Rastplatz der Vögel. Mehr als 370 Arten wurden gezählt, knapp 150 brüten hier im Frühjahr. Damit ist Texel die ultimative Vogelinsel, nicht nur für Hobbyornithologen, sondern auch für Naturfotografen und Wissenschaftler.

Überleben

Von Norden nach Süden folgt ein Naturgebiet auf das nächste, die meisten liegen binnendeichs, wenige, wie **De Schorren** (🕮 H 3/4) im Norden, vor dem Deich. Das Salzwiesengebiet steht nur bei Spring- oder Sturmfluten unter Wasser und ist daher wichtiges Brutgebiet für Brandseeschwalben, Eiderenten und Löffler. Etwas weiter südlich liegt **Utopia** (🕮 G 4/5), eines der jüngeren, renaturierten Schutzgebiete Texels, nun wieder hinter dem Deich. Früher baute man hier Blumenzwiebeln an und knallrote, weiße und gelbe Tulpenstreifen zogen sich Mondrian-like gen Horizont. Brackwasserflächen, Schilfzonen und künstlich angelegte Muschelbänke locken Silbermöwen und Sandregenpfeifer, Brandgänse und Kormorane, Säbelschnäbler und Brandseeschwalben an.

De Schorren: nur geführt zugänglich, April–Mitte Okt. 2 x wöchentl., Infos über www.natuurmonumenten.nl (nur auf Holländisch), Gummistiefel!

Was kreucht und fleucht da im Watt?

Die Brandseeschwalbe etwa ›fischt‹ im trockengefallenen Watt nach Würmern oder kleinen Fischen und trägt ihre Fracht im Schnabel über den Deich zum Brutplatz. Auf Texel findet die bedrohte Vogelart reichlich Futter: Auf 1 m^2 Watt leben Tausende von Wattschnecken, gut 100 Herzmuscheln und 20 Wattwürmer.

Frag die Wattwächter: Der Infoposten zwischen den Naturgebieten De Schorren und Utopia am Vogelboulevard ist mit Freiwilligen besetzt.

Wattwächter werden

Auf dem Deich zwischen De Schorren und Utopia steht die **Wadwachtershut** (🗺 G 4; April–Okt.), die Infopunkt und Unterkunft zugleich ist. Meist wochenweise wechseln sich hier Freiwillige ab und geben Besuchern Auskunft über das Kommen und Gehen in den Vogelkolonien.

Aufs Rad!

Eine **32 km lange Route** führt entlang des Vogelboulevards und streift u. a. De Schorren und Utopia.

Download: www.natuurmonumenten.nl/natuurgebieden/texel/route/fietsroute-vogelboulevard-texel-van-veerboot-tot-vuurtoren (Nl.)

Der Vogelprofi

Klaas de Jong ist den Niederländern aus der TV-Serie »Im Bann des Condors« ein Begriff. Man kann ihm blind vertrauen: Der Vogelkundler kennt Texel wie seine Westentasche und bietet geführte Vogelsafaris an.

www.vogelsoptexel.nl, versch. Safaris

Infos

Vogelboulevard und Vogelbeobachtungsstationen: www.natuurmonumenten.nl/natuurgebieden/texel, nur auf Niederländisch, mit Karte

Oosterend

🗺 G 6, Cityplan S. 97

Das Örtchen lugt etwas erhöht aus der Landschaft. Schuld daran ist ein Ausläufer des Hoge Berg, auf dem es gebaut ist. Wer das geschlossene Dorfensemble rund um die Maartenskerk betritt, ist ob der Idylle aus aufwendig restaurierten Häusern mit den typischen grünen Holzgiebeln, von denen viele unter Denkmalschutz stehen, und den schmalen kopfsteingepflasterten Sträßlein erst einmal baff. Dieser Dorfkern ist eindeutig nicht für SUVs gebaut, so viel steht fest.

SCHLEMMEN, SHOPPEN, SCHLAFEN

In fremden Betten

Ab hintern Deich

Hotel Prins Hendrik 

Wer mal so richtig Ruhe haben will, ist im kürzlich runderneuerten Prins Hendrik genau richtig! Vogelliebhaber und Angler

Fischerdorf im Binnenland – **Oosterend**

In Oosterend lässt es sich leben. Nicht umsonst gilt das einstige Fischerdorf als der schönste Ort der Insel. Doch keine Angst: Museale Atmosphäre kommt hier nicht auf, die Menschen leben und arbeiten im Dorf, unter ihnen auch etliche Künstler. Und obwohl es 2 km vom Wattenmeer und 5 km von der Nordsee entfernt liegt, lebten (und leben) hier die meisten Fischer der Insel.

Im Ortskern macht es sich die älteste Kirche der Insel, die **Maartenskerk** 1, gemütlich. Sie stammt z. T. noch aus dem 11. Jh. und ist von einem Mini-Friedhof umgeben. Bei der Restaurierung in den 1960ern wurde sie behutsam in den Zustand des 17. Jh. zurückgeführt. Rätselhaft sind bis heute die ›Hausmarken‹ geblieben, Hunderte Einritzungen in der Holztrennwand im Portal unterm Turm. Die Maartenskerk ist übrigens eine von ursprünglich sieben Kirchen im Ort (heute sind immerhin noch drei in Gebrauch) – daher galt Oosterend auch als ›Jerusalem des Nordens‹ und die Seeleute befuhren das Meer mit viel Gottvertrauen.

Hochprozentig geht es im Bruin Café an der Kerkstraat zu – das wussten und wissen die Strender zu schätzen. Im Het Cafeetje (► S. 96) trifft man sich seit Jahr und Tag in ungezwungener Atmosphäre. Die Kneipe ist auch Treffpunkt, Tauschbörse usw. Wie gut, dass sie gleich gegenüber der Kirche liegt …

Hübsch, hübscher, am hübschesten

Hinter der Adresse **Kerkplein 6 A** 2 verbirgt sich das angeblich kleinste Haus Oosterends (1656), auf jeden Fall aber eines der hübschesten im Dorf. Ein paar Häuser weiter, in der Nr. 11, liegt ein ebenfalls denkmalgeschütztes Gebäude, das nur ein paar Jährchen mehr auf dem Buckel hat, das gut 350 Jahre alte ehemalige **Küsterhaus.**

Fischer, Fischer, wie tief ist das Wasser?

Die **Oesterstraat,** die Straße der Austern, erinnert an die einstige Erwerbsquelle der Strender. Diese lebten vom Austernfang. An vergangene Zeiten erinnert das **Alte Barometer für Seeleute** 3 an der Ecke Oesterstraat und Kerkplein. Und auch die **Blazerstraat** 4, die wohl idyllischste der Dorfstraßen, ist eine Reminiszenz an früher. Die schmale Gasse gedenkt der Holzschiffe, mit de-

Fischer ohne Hafen. Die texelsche Fischfangflotte liegt im Hafen von Oudeschild vor Anker und läuft von dort in Richtung Nordsee und Atlantik aus. Die Strender stellen dabei den größten Teil der Mannschaften.

nen die Strender, wie die Einwohner Oosterends heißen, früher auf Fahrt gingen. Ende des 19. Jh. waren die hölzernen *blazer* die beim Fischfang gebräuchlichsten Schiffe. Ihre Besatzung bestand aus drei Mann, wobei das jüngste Crewmitglied ein Knabe von etwa zehn Jahren war. Um 1900 befuhren 170 texelsche *blazer* die See, darunter zahlreiche Schiffe aus Oosterend.

An Land gestrandet?

In Richtung Achtertune ist nun schnell der **Tuin van Cor Ellen** 5 erreicht. Wir wissen nicht, was der inzwischen verstorbene *strandjutter* vorhatte, sein Garten jedenfalls gleicht mit Bojen, Ankern, Tauen, Steuerrudern und vielem mehr einer maritimen Ausstellung. Nicht recht dazu passen wollen die Marmeladen und Jams, die vor dem Haus zum Verkauf angeboten werden. Dafür sind sie umso leckerer.

Blickfänger

Da stehen sie an der Peperstraat und ratschen, die **Strender Wifkes** 6. Die hübsche Skulptur erinnert an die Fischerfrauen, die an Land die Stellung halten mussten, während ihre Männer zur See fuhren – damals kein ganz kleines Risiko.

INFOS/ÖFFNUNGSZEITEN

Maartenskerk 1: Kerkstraat 2, www.maartenskerktexel.nl, Mi, Do, Fr 13.30–16 Uhr

›Schieferroute‹ durch Oosterend: Bei der ›Leitjesroute‹ steht es auf Schiefer geschrieben: spannende Details zum Dorf und zu den einzelnen Häusern. Anhand der Tafeln kann man auf eigene Faust durch den Ort spazieren (knapp 2 km, Start beim Supermarkt an der Kerkstraat).

Faltplan: G 6 | **Cityplan:** S. 97

kommen hier auf ihre Kosten, denn die zehn schicken, Ton-in-Ton gehaltenen Doppelzimmer und Suiten liegen 2 km nördlich des Dorfs beim Naturgebiet De Schorren. Auch eine Lounge mit Kamin und Bar, Terrassen und große Gärten sind zum Verwöhnen da. Das neue Restaurant Floris verwöhnt mit lokaler Saisonküche.
Stuifweg 13,www.prins-hendrik.nl, €–€€/F, Bungalows am Wattenmeer €–€€

Runterkommen leicht gemacht!
B&B Zonnedael 2

Sich zu Hause fühlen – dieses Gefühl möchten Elles und Hans ihren Gästen vermitteln. Sie selbst sind nach zehn Jahren wieder zurück auf der Insel und froh darüber. Schönes großzügiges Zimmer mit eigenem Bad und Eingang, Kochnische.
Cor Bremerstraat 12, verblijfoptexel.nl, €–€€

Served by nature
Op Oost 3

Ein kleines Juwel hat 2020 in Oost (▸ S. 105; 2 km entfernt) eröffnet: ein Vierkanthof mit elf wunderschönen, modern eingerichteten Suiten. Im Restaurant wird auf höchstem Niveau gekocht. Ausgezeichnetes Frühstück, Garten. Kochkurse.
Oost 76, www.opoost.nl, Suite €€€/F, div. Arrangements, auch Massage, Yoga, Küche €€€

Satt & glücklich

Lekker Lamm
Bistro 't Kerckeplein 1

Im Bistro am Kirchplatz darf man auf einen kulinarischen Höhenflug gespannt sein: Hier soll es die besten Lammgerichte Texels geben. Ute und Heere sind alte Hasen und schwören auf Inselprodukte: Lamm, Rind, Nordseefisch, Gambas, Geflügel … Leider nichts für Vegetarier.
Oesterstraat 6, www.bistro-texel.nl/de, Di–So 10–21 Uhr, schöne Terrasse, €€–€€€

Back in the Seventies
Het Cafeetje 2

Heerlijk, ein waschechtes *dorpscafé* (Dorfkneipe)! Drinnen ist es gemütlich, im Sommer sitzt es sich schön auf der Straßenterrasse mit Blick auf die Kirche oder im großzügigen Innenhof. *Tussendoortjes*, wörtlich ›Zwischendurchleins‹, lassen sich hier besonders gut snacken, das Mittag- oder Abendessen aber auch. Die Karte ist einfach, regional geprägt und völlig okay. Super Stimmung bei Livemusik oder anderen Events. Gute (Saison-)Biere!
Kerkstraat 7, www.hetcafeetje.nl, Di–So ab 11 Uhr, €–€€, super sind die ›Shared Plateaus‹ für 2 (Fisch, Fleisch, vegetarisch) €€

Nur ›Pannenkoeken‹ im Kopf?
Strends End 3

Von süß bis salzig, von leicht bis deftig, so ein Pfannkuchen kann einiges – besonders wenn er im Strends End auf der traumhaften Terrasse verspeist wird. Und auch für alle anderen Gelüste ist hier gesorgt. Relaxte, nette Atmosphäre.
Achtertune 9, www.strendsendtexel.nl, Mi–So 10.30–20.30 Uhr, Pfannkuchen €, Dinner €–€€

Stöbern & entdecken

Erdbeerwochen
De Reuze Aardbei 1

Zwei Brüder, eine Liebe: Erdbeeren. Was als Hobby angefangen hat, entwickelte sich recht schnell zum Beruf. Nun züchten und vertreiben Theo und Nico seit 30 Jahren die rote Köstlichkeit, Besucher sind in der Saison immer willkommen – einfach sweet.
Schorrenweg 30–32, www.dereuzeaardbei.nl, Verkaufsstellen auf der ganzen Insel, Besuch n. V. oder einfach vorbeischauen, Marmelade im Angebot, mit Spielplatz und der Möglichkeit, ein Getränk oder ein Eis zu nehmen

Aufs Rad
Fietsverhuur Oosterend 1

Große Auswahl an Rädern und E-Bikes.
Vliestraat 10, fietsverhuuroosterend.nl, tgl. 9.30–12 Uhr, ab 6 €/Tag, 27,50 €/Woche

Essen aus der Natur
Natuur Goed 2

Texel kann sich immer mehr nachhaltiger Projekte rühmen, u. a. dieses Naturgartens. Siem, ein echter Tesselaar, und seine Partnerin Conradine zeigen in ihrem kleinen Paradies, dass nicht alles Unkraut

ist und weg kann, sondern man aus fast jedem Kraut etwas machen kann.
Koningsweg 4, natuurgoed.org, offener Garten Di–Do, 7,50 € inkl. Kaffee und Kuchen, Di, Do Workshops, ab 8,50 €

INFOS & TERMINE

Online-Infos: oosterendtexel.nl (nl.)
Bus: mit dem Texelhopper (► S. 115); Tickets gibt's u. a. beim Spar-Supermarkt.
Oosterend Present: 3-tägiges Dorffest Ende Juli bzw. Anf. Aug., alle 5 Jahre (2028), mit Markt, Historienspiel, Straßenmusik, Infos ► oosterendpresent.nl
Strenderpop: 3. Sa im Aug., 13–21 Uhr, sehr beliebtes, relaxtes Open-Air-Musikfestival; Zugang gratis, Infos ► auf Facebook und auf www.texel.net
Visrookwedstrijd: 2. Sa im Sept. Räucherwettkampf der Fischer. Später können geräucherte(r) Knurrhahn und Seezunge. probiert werden, Infos ► www.facebook.com/strendervisrookpagina

AUSFLÜGE VON OOSTEREND

Vom Gartencenter zum Zoo

Es gibt auf Texel noch mehr Tiere als Schaf und Möwe, z. B. Raubvögel, Erdmännchen, Präriehunde und Schmetterlinge im **Texel ZOO.** Eine witzige Zusammenstellung? Vielleicht. Es macht aber Spaß, dem Falkner (Martijn) bei der Raubtiershow oder der Raupe in der ›Puppenstube‹ bei der Verwandlung zum Schmetterling zuzusehen.
Schorrenweg 20, www.texelzoo.nl, Di–Do, Sa, So 10–16 Uhr, 9 €, erm. 6,50 €, unter 4. J. frei

Wunderwelt

Die **Molen Het Noorden** (Foto ► S. 99) und das Naturgebiet **Drijver's Vogelweide De Bol** (beide 🕮 G 5) bezaubern, ganz gleich, wann man vorbeikommt. Mal gibt sich die Wasserlandschaft ganz mystisch und versinkt in Nebelschlieren, mal reißt die Sonne auf und taucht alles in gleißendes Licht, mal verschwimmen der knallblaue Himmel und die Gräben am Horizont ineinander. Von 1878 bis 1923 regulierte die Mühle mit ihren Schöpfpumpen in der Polderlandschaft Het Noorden den Wasserhaushalt. Im Frühjahr überzieht das Purpur der Orchideen die Landschaft.

Ruhe finden

Beim **IJzeren Kaap** (🕮 G 7), einem Schifffahrtszeichen von 1854 am Deich, umfängt einen absolute Stille – nur das

Kabeljau an schwarzen Linsen mit karamelisierten Radieschen an Krabbenschaum im Kook Atelier – noch Fragen?

leise Murren des Wattenmeers ist zu hören. Super Vogel-Spot. Die **Radroute Het Vissersommetje** verbindet Kap, Oosterend und **Oost** (9,5 km). Der Weiler besteht aus nur wenigen Häusern, liegt idyllisch hinterm Deich, ist nur wenige 100 m vom Watt entfernt … und seit Kurzem um eine Attraktion reicher. Wo sich früher der alte Austernhafen fand, das Herzstück des Austern- und Seetanghandels, liegt heute nur 200 m entfernt das **Kook Atelier/Op Oost** (► S. 105), ein Garant für bewusstes Genießen.

Oudeschild

🕮 E 9, Cityplan

Am besten kommt man freitags. Dann ist mächtig Leben in der Bude, pardon, im kleinen 1400-Seelen-Fischerort am Wattenmeer, weil dann die Flotte zurückkehrt. Kutter nach Kutter tuckert in den heimatlichen Hafen von Oudeschild. Zehn fahren auf (Platt-)Fisch, fünf auf Krabben, zwei auf Muscheln. Insgesamt tragen noch ca. 30 das TX-Zeichen für Texel; der Rest fährt zu den Seehundbänken und bietet Rundfahrten an. Auch sonst gibt sich das Dorf maritim, kein Wunder bei der Vergangenheit. Viel los ist immer, egal ob in Fischerei- oder Jachthafen. Am Kai gibt's Tickets fürs Hochseeangeln, für Kutterfahrten und Robbentörns. Und auch auf den Terrassen der Cafés und Restaurants am Hafenbecken brummt's.

WAS TUN IN OUDESCHILD?

Sündenpfuhl

Einst befand sich bei Oudeschild die **Reede von Texel** (► S. 26), was dem 1600 erstmals erwähnten Dorf eine Blütezeit sondergleichen bescherte. Walfänger und Handelsschiffe lagen hier vor Anker und warteten oft wochenlang auf guten Wind. Die Besatzungen kamen in Oudeschild an Land, trieben Handel und ließen es sich gut gehen. Bis heute erinnert der Name **Jeneverbuurtje,** Genever-Viertel, an ein kleines Vergüngungsviertel im Süden des Dorfs. Zahlreiche Lotsen lebten im Ort, später Austern- und Muschelfischer. Auch auf Seetang fischten sie, dieser kam beim Deichbau, Abdichten der Schiffe und als Matratzenfüllung zum Einsatz und bescherte der Bevölkerung ein gutes Auskommen. 1962 schließlich riefen die Oudeschilder die Kutterflotte ins Leben, eine der modernsten Westeuropas.

Visitenkarte des Dorfs

Hafen 1 und **Jachthafen** 2 lassen oft vergessen, dass es auch noch ein richtiges Dorf gibt. Ein schönes noch dazu, dessen charakteristische Häuser schmucke Treppengiebel zieren. Die Straßennamen erinnern an ruhmreiche Seehelden und Kapitäne wie Willem Barents, nach dem die Barentssee benannt wurde, oder Admiral Michiel De Ruyter. Die **De Ruyterstraat** ist eine charmate Straße direkt hinterm Deich mit alten, z. T. denkmalgeschützten Häusern. In der

Herberge **B&B Texels Groen** 1 befand sich einst des Admirals Stammkneipe.

Absolution

Ob die Seeleute Abbitte im **Zeemanskerkje** 5 leisteten, bevor sie in See stachen? Wir wissen es nicht. Bekannt ist aber, dass sie hier den Gottesdiensten folgten. Zwei prächtige Kronleuchter erinnern an berühmte Seemänner, sie sind Gaben der Admiräle Tromp und De Ruyter.

Trompstraat 60, Juli, Aug. Do 13.30–16 Uhr, dann auch Turmbesteigung

SCHLEMMEN, SHOPPEN, SCHLAFEN

In fremden Betten

Mit dem Seemann ins Bett?

B&B Texels Groen 1

Mitten im Dorf, in der schönen Herberge nahe am Hafen, nächtigten schon die berühmten Seefahrer im 17. Jh. Die Matratzen wurden glücklicherweise mittlerweile ausgetauscht. Und WLAN gibt's heute nebst einem leckeren Frühstück auch. Freundlicher, persönlicher Service.

De Ruyterstraat 60, www.herbergtexel.nl/bedandbreakfast, €/F (mind. 2 Nächte)

Beste Aussichten

Havenhotel Texel 2

Blau, Grün, Sand – die Farben der Insel sind auch die Farben der sechs Zimmer im alten Fährhaus. Von allen kann man den Blick über Hafen und Wattenmeer schweifen lassen. Hat man sich sattgesehen, kann man sich auch gleich satt essen: am üppigen Frühstücksbuffet, in der Brasserie TX, im Eetcafé oder an der Snackbar.

Haven 2, www.havenhoteltexel.nl, einige Zimmer mit Loggia, €€–€€€

Wer möchte hier nicht Müller sein? Die Mühle Het Norden ist ein so beliebtes Fotomotiv, dass sie zur Nr. 1 der niederländischen Instagram-Hotspots gewählt wurde.

Legal, illegal, ›Jutter‹ – beim Strandräuber in Kaap Skil

›Jutter‹ sind Strandräuber oder auch Strandgutsammler. ›Gejuttet‹ hat auf der Insel früher fast jeder – aus Armut. Was auch angespült wurde, es konnte gebraucht werden. Segelmasten als Dachkonstruktion, Bojen als Lampen etc. Heute gibt es auf der Insel nur noch drei ›hautpberufliche‹ Jutter, darunter eine Frau, und sie haben viel zu erzählen. Wahres und … na ja, Seemannsgarn.

Der ohnehin schon spektakuläre Nachbau der Reede von Texel – mit 18 x 4 m das größte maritime Modell der Welt – ist um eine Attraktion reicher: Ab sofort können sich Besucher mittels modernster digitaler Technologien die Geschichten der ›Modell-Menschen‹ anhören. Da wird schon mal über die Soldaten geflucht oder über kapriziöse Admiräle … Einfach spannend. Und schön!

Zu finden sind sie, ihre Geschichten und ihre Lieblingsfundstücke im **Museum Kaap Skil** 3 in Oudeschild. Doch erst einmal muss man sich auf dem großzügigen Museumsgelände orientieren. Einen Überblick über das zauberhafte Strandräuber- und Seefahrtmuseum gewährt die Galerie der Mühle **De Tranenroeier** 4 (1727).

»Ich hab's im Blut«

In den liebevoll ausgestatteten Gebäuden finden sich u. a. eine Schmiede, eine Fischräucherei, die Werkstatt des Schiffszimmermanns, Fischerwohnungen und ein Kutter, kurz: ein kleines Dorf. Dazu kommen die einmaligen Ausstellungen zu Unterwasserarchäologie, der texelschen Reede, dem Seenotrettungswesen, den Strandräubern, womit wir beim Thema wären. Fast täglich erzählt ein *jutter* aus seinem wind- und wellenumtosten Leben. Pieters Geschichte ist typisch: Bereits mit acht Jahren musste er gemeinsam mit seinen Geschwistern *jutten* – es wurde Holz zum Heizen gebraucht. Ein Brett von 1,20 m durfte jeder offiziell mitnehmen, woran sie sich nicht immer gehalten haben. Wer Kohlestücke fand, war ein Held. Leider kam das nicht oft vor. Kohle brauchte die Familie zum Brotbacken, Wasserkochen und fürs wöchentliche Bad. Alle Kinder, bei ihm zu Hause waren es acht, kamen nacheinander in die Wanne. »Ab dem vierten war das Wasser dreckig«, erinnert sich der Pensionär, der auch heute nicht vom *jutten* lassen kann. »Wer es im Blut hat, kann nicht damit aufhören!«

Man kann nie genug davon haben: ›gejuttete‹ Taue in allen Farben.

Das Wetter ist schlecht? Gut!

Die Strandräuberscheune ist bis unter die Decke mit Jutters-Kram vollgestopft: Flaschen, Fässer, Bojen, Taue, Schiffsmasten, Schuhe, Quietscheenten, Klobürsten … Was war denn Pieters schönster Fund? Ein Trauring mit eingraviertem Hochzeitsdatum an einer Kette. Er stellte den Fund ins Internet und machte zwei Menschen damit wieder glücklich. Und seine Tochter war besonders froh über Dutzende von Lippenstiften, die er mitbrachte und die sie auf dem Schulhof vertickte.

Ein bisschen hiervon, ein wenig davon

Und dann gibt es noch eine schöne Erklärung für das *juttersmaal,* das auch viele Restaurants anbieten. Die Strandräuber versteckten sich in der zweiten Dünenreihe, denn auch damals war das *jutten* schon verboten (wer heute erwischt wird, zahlt 250 €). Hier kochten sie während des Wartens in speziellen Pfannen, die das Feuer vor neugierigen Augen fast komplett abdeckten, ihr Essen. Sie nahmen von den in Fässern angespülten Gewürzen, Pfeffer, Nelken oder Curry, gaben Wasser hinzu und kochten darin Fleisch und Gemüse. Lecker!

Die Giebel des spektakulären Entrees von Kaap Skil, ein Entwurf der Delfter Mecanoo architecten, sind von der traditionellen Inselarchitektur inspiriert, Symbol der rauen See und mehrfach international ausgezeichnet.

INFOS/ÖFFNUNGSZEITEN

Museum Kaap Skil

3: Heemskerckstraat 9, www.kaapskil.nl, Di–So 10–17 Uhr, 11 €, erm. 7,50 €. Mit Handwerksvorführungen. Einer der Schätze des Museums neben dem schier unglaublichen Modell der Reede: das ›Kleid aus dem Palmholzwrack‹, das über 400 Jahre auf dem Wattenmeerboden lag – ein einmaliger Fund!

Faltplan: E 9 | **Cityplan:** S. 103

Besser geht's nimmer
Texel Suites 3

In diesem Fall steht das ›X‹ in Texel für Luxus. Im Design Boutique Hotel wohnt es sich sehr schick. Regendusche, Flachbildschirm und klimatisierter Weinschrank sind selbstverständlich. Die Aussicht über den Hafen ist betörend, das Essen im **Pakhuus** 1 (▸ S. 104) auch.

Haven 8, www.texelsuites.com, 2- bis 4-Pers.-Suiten €€€/F (mind. 2 Ü)

Welcome home
B&B Pastorie Stella Marie 4

»Heimkommen in ein Haus mit Seele«, so lautet das Motto von Marijkes B & B im alten Pfarrhaus. Das macht sich bei den freundlich eingerichteten drei Zimmern und dem Chalet sowie beim üppigen Frühstück bemerkbar, das je nach Wetter in Garten oder Wintergarten serviert wird.

De Ruyterstraat 128, www.pastoriemarie.nl, Zimmer und Chalet ab €€/F

Alle Mann an Bord
Texelstroom 5

Alles in Butter aufm Kutter? Überzeugen Sie sich selbst und checken Sie auf der Texelstroom ein. Geschlafen wird in Kojen, gegessen in der Kajüte. Am Wochenende läuft das Schiff oft zu Exkursionen aus, an denen Gäste vergünstigt teilnehmen können.

Im Hafen, www.texelstroom.nl, €–€€

Satt & glücklich

Geschmacksexplosion
Visrestaurant 't Pakhuus 1

▸ S. 104

Alles Fisch oder was?
Havenzicht Texel 2

Nettes Restaurant mit Rundblick auf Hafen und Fischkutter. Die Karte ist einfach, der Fisch frisch, die Produkte sind nach Möglichkeit bio. Im Sommer empfiehlt es sich, die Meeresfrüchte auf der schönen Terrasse zu genießen. Tipp: der Fischschmortopf mit Muscheln und Krabben.

Haven 6, www.havenzichttexel.nl, tgl. ab 11 Uhr (Lunch 12–15, Dinner ab 17 Uhr), €€–€€€, gute Bouillabaisse, großzügige Beilagen, vermieten auch zwei großzügige Zimmer, €€

Näher am Wasser geht's nimmer
Eetcafé De Kombuis 3

Bei schönem Wetter draußen auf der Terrasse oder sonst drinnen genießt man eine reiche Auswahl an Snacks. Abends ist auch für den großen Hunger gesorgt. Wer Fisch schon nicht mehr sehen kann, weicht auf Burger oder die hausgemachte vegetarische Lasagne aus. Netter Service.

Haven 10, kombuistexel.nl, tgl. 10–21 Uhr, €–€€

Aus dem Netz auf den Teller
Van der Star 4

Für Fischliebhaber! Beim Fischimbiss Van der Star steht die lange Theke ganz im Zeichen des Meeres: Salate, *kibbeling*, Räucherfisch, frische Algen, Garnelenbrötchen, Fischsuppe u. v. m.

Heemskerckstraat 15, www.vispaleistexel.nl, Mo–Sa 8.30–18 Uhr, €

Nostalgie und Euphorie
De oude Vismarkt van Texel 5

Unten wird gegessen, oben geschaut: Die kleine interaktive **Ausstellung zur Fischereigeschichte Texels** ist hübsch gemacht. Doch bevor man allzu nostalgisch wird, lieber schnell über das gute Angebot direkt aus dem Meer freuen.

Vlamkast 53, www.deoudevismarkt.nl, Mo–Sa 9–18 Uhr, €

Stöbern & entdecken

Erfolgsgeschichte
Texelse Bierbrouwerij 1

▸ S. 4

›Typisch texels‹
VOC de Kade 2

Wenn Sie mal daheim essen wollen, dann aber nur texelsche Produkte. Außerdem im Angebot: Souvenirs aus Schafwolle und andere typisch texelsche Mitbringsel.

Haven 9, www.facebook.com/VoCdeKade, Di–So 10–17 Uhr

Gib Gummi
CIV Shop 3

OUDESCHILD

Sehenswert
- 1 Hafen
- 2 Jachthafen
- 3 Museum Kaap Skil
- 4 De Tranenroeier
- 5 Zeemanskerkje

In fremden Betten
- 1 B&B Texelse Groen
- 2 Havenhotel Texel
- 3 Texel Suites
- 4 B&B Pastorie Stella Marie
- 5 Texelstroom

Satt & glücklich
- 1 Visrestaurant 't Pakhuus
- 2 Havenzicht Texel
- 3 Eetcafé De Kombuis
- 4 Van der Star
- 5 De oude Vismarkt

Stöbern & entdecken
- 1 Texelse Bierbrouwerij
- 2 VOC de Kade
- 3 CIV Shop
- 4 Texelana
- 5 TexelWool
- 6 Texel Living

Sport & Aktivitäten
- 1 Bets Fietsen Texel
- 2 Kutterfahrten, Törns
- 3 TukTuk Express Texel
- 4 Wasserspielplatz und Kletterschiff
- 5 Strand

Keine Gummistiefel? Das Wetter zeigt sich von seiner nassen Seite? Kein Problem! Im Seemannsladen ist man auf wind- und wetterfeste Kleidung spezialisert (Eigenmarke: Haven 15).
Haven 15, www.civtexel.nl, Mo, Fr 7.30–17.30, Di–Do 8–17.30, Sa 8.30–17 Uhr

Schaf aussehen
Texelana 4
Hier geht es dem echten Texel-Schaf an die Wolle. Das Angebot ist riesig und teilweise überraschend: Sitzsack, Kosmetik oder Autokissen … Mit Onlineshop.
Heemskerckstraat 8, www.texelana.nl

Wolllüstig
TexelWool 5
Auf Texel schläft man schon seit Ewigkeiten unter warmen Wolldecken. Besonders gegen Rheuma sollen sie wahre Wunder wirken. Große Auswahl sowie kompetente Kauf- und Größenberatung.
Ijsdijk 7, www.texelwool.nl, Mo–Fr 9–12.30 Uhr

Texel auf dem Teller – ein kulinarischer Trip

Die Insel liefert die besten Zutaten, frisch und qualitativ hochwertig: von Lamm- und Rindfleisch über Fisch, Muscheln und Garnelen bis zu Kartoffeln und Käse. Und damit ist noch lange nicht Schluss. Probieren Sie unbedingt auch den Jenever, den Gin, den Whisky von der Insel. Vom texelschen Bier ganz zu schweigen. Und schauen Sie bei den hiesigen Chefköchen vorbei, die ihrem Handwerk mit Herzblut nachgehen.

Feine Amuse-Gueule: explodierende Austern

Der Besuch scheint nicht ungefährlich und die Auster schon beim Servieren zu explodieren – doch keine Angst, Boy Schuiling ist nicht nur ein Meister am Herd, ihm liegt auch daran, seine Kreationen ins beste Licht zu rücken. Bei den Austern eben mit viel Rauch.

It's fun to play with taste!

Seit 2015 ist er Küchenchef in Oudeschilds **Visrestaurant 't Pakhuus** 1 und schon nach knapp zwei Jahren landete er im Restaurantführer »Lekker 500«. Boy setzt auf nachhaltige regionale Produkte, auch auf Salzgemüse aus dem Meer wie Seekohl, Eiskraut, Queller. Letzteren etwa gibt er statt Gurke gerne in Drinks. Der gut 30-Jährige liebt es zu experimentieren, mit Geschmacksnoten zu spielen. Als die Vorspeise – Anchovis-Popcorn mit Oliven und Mandeln – zelebriert wird, glaubt man ihm sofort. Und das ist erst der Auftakt zum Menü.

Seine Kartoffeln *(aardappelen)* seien so lecker, erklärt Bert, weil sie auf Lehm wachsen. Auch für seinen Spargel ist der Hof bekannt, dieser sei weißer und süßer als etwa der aus Limburg. In der Spargelzeit organisieren Bert und Meina bei **Keijser Aardappelen en Asperges** 2 Hofführungen und Spargelproben (Ongeren 5, Waal en Burg, www.texelseasperge.nl, Mitte April–24. Juni Mo–Sa 10–17, So 10–16 Uhr, div. weitere Hofprodukte).

Wie Schaumkronen auf dem Meer

Was 1999, lange vor der Craftbeer-Welle, begann, ist längst ein Megaseller. Die 14 Biere der **Texelse Bierbrouwerij** 1, darunter ein alkoholfreies, eroberten bereits Texel, die Niederlande und … bald die Welt. Wen wundert's: Dünenwasser, Gerste, Weizen, Hopfen und Hefe kommen ausschließlich von Texel. Am bekanntesten ist das ›Skuumkoppe‹ (Schaumkrone), ein dunkles Weizen, mit dem die Inselköche gerne arbeiten. Es einfach nur zu trinken, ist aber auch okay. Mit nach Hause nehmen ebenfalls, im angeschlossenen *winkel* gibt es alles.

Bevor Boy sich selbstständig gemacht hat, arbeitete er knapp sechs Jahre bei Jef in Den Hoorn. Der hat den Michelin-Stern schon, den Boy sich irgendwann erkochen will.

Seinen Traum leben!

Joram Timmerman geht durch die Decke – ein weiterer ›junger Wilder‹, der sich mit seiner Küche einen Namen macht. Erst im Kook Atelier in Den Burg, seit 2020 im **Kook Atelier/Op Oost** 2 im Puppenstubendorf Oost. Die Gerichte des sympathischen Chefkochs sind von den Jahreszeiten und dem lokalen Angebot bestimmt. Bewusst genießen ist Joram wichtig … und, kurz gesagt, seine Küche weiß mit den verschiedenen Aromen zu spielen und zu betören! Sei es beim Rochen mit Queller und Shrimps an Rhabarbersauce und Radieschen-Pickles, bei der Ente mit Rübchen und Rosmarinkartoffeln oder beim Buttermilchsorbet mit Birnenchips. In ihrer neuen Location, nur 200 m vom Wattenmeer und dem alten Austernhafen entfernt, haben Valerie und Joram elf Suiten in Vierkanthof und alter Scheune eingerichtet – rundum vergnüglich!

T TROPFEN

Die Jungs von **Brouwerij Stokerij Texel** 3 brennen ausgezeichneten Gin und Whisky – dabei setzen sie auf lokale Getreide- und Kartoffelerzeugnisse – und brauen seit Kurzem auch ihr eigenes Bier (Slotskolk 22 c, Oosterend, stokerijtexel.nl; mit Schankstube und Shop, Mo–Fr 8.30–17.30, Sa 12–17.30 Uhr; div. Führungen, online buchen über txtour.nl).

INFOS/ÖFFNUNGSZEITEN

Visrestaurant 't Pakhuus 1: Haven 8,Oudeschild, www.pakhuus.com, Do– So ab 12 Uhr, €€€, 5- bis 7-Gänge-Überraschungsmenü 75–90 €, gute Weinkarte, günstige offene Weine, Biere von Familienbrauerei Diks

Kook Atelier/Op Oost 2: alle Infos ► S. 96, www.opoost.nl

Texelse Bierbrouwerij 1: Schilderweg 214, www.texels.nl, Öffnungszeiten, mit Verkaufsraum, div. Führungen und Verkostungen ► Website

Faltplan: E–G 6–9 | Als **Tasty Tour** mit dem Rad machbar, **Länge:** 18–20 km

BAUER TO THE PEOPLE!

Die Latte hängt hoch
Die Stiftung ›Echt Texels Produkt‹ steht mit Namen und Logo für ausgezeichnete regionale Produkte ein – und das seit über 30 Jahren. Knapp 50 Betriebe, Bauernhöfe und Restaurants haben sich zusammengeschlossen, um texelsche Produkte im Pool gezielter vermarkten zu können. Natürlich muss jedes Mitglied bestimmte Qualitätsvoraussetzungen erfüllen und (zu mind. 75 %) auf der Insel ansässig sein oder produzieren. Die Produkte müssen garantiert pur und inseltypisch sowie nachhaltig produziert sein. Wer all diese Ansprüche erfüllt, ist willkommen im Club und darf das Logo ›Echt Texels Produkt‹ führen. Eine Art texelsche Bauer-to-the-people-Bewegung also. Infos: www.echttexelsprodukt.nl.

Schaf ist nicht gleich Schaf
Betriebe, die ihr Lammfleisch unter dem Vereinslogo vertreiben, dürfen nur Fleisch vom echten Texelschaf verkaufen, dem Texelaar. Die Rasse ist bekannt für ihre ausgezeichnete Fleischqualität und hat sich von Texel aus in die ganze Welt verbreitet. Die meisten Texelschafe leben inzwischen in Neuseeland, viele auch in Deutschland. Die hervorragenden Fleischeigenschaften übrigens sind auf eine Genmutation zurückzuführen.

›Lekker fietsen‹
Wir wären ja nicht in den Niederlanden, gäbe es zum Thema ›Echt Texels Produkt‹ nicht auch eine spezielle Fahrradroute. Beim Thema *echt texels* waren die Verantwortlichen besonders kreativ und haben gleich zwei *fietsroutes* aus der Taufe gehoben. Die kürzere der beiden, ›Rondje Zuid‹, ist 40 km lang und führt durch den südlichen Teil der Insel (Het Oude Land). Wem nach einer längeren Tour ist, dem sei das 60 km lange ›Rondje Noord‹ ans Herz gelegt. Sie führt von De Dennen nach De Koog, am Slufter vorbei nach De Cocksdorp im Norden und über Oosterend wieder gen Süden bis Oudeschild. Hier kann die südliche Route (▸ oben) angeschlossen werden.

Wohnen mit Wattenflair

Texel Living 6

Wer ein bisschen texelsches Flair (und Blumen) mit heimnehmen möchte, ist hier genau richtig.

Schilderweg 220, www.texels-wonen.nl, Mo–Sa 10–17 Uhr

Sport & Aktivitäten

Radverleih

Bets Fietsen Texel 1

Verleih von Fahrrädern und E-Bikes.

Vlamkast14 a, www.betsfietsen.nl, Di–Sa 9–12.30, 13.30–17 Uhr, ab 10,50 €/Tag, ab 55 €/Woche, E-Bikes ab 20 €/Tag

Eine Seefahrt, die ist lustig

Was auch immer man in puncto **Kutterfahrten, Törns, Mitsegeln** 2 machen möchte, am Hafenkai wird man fündig. Wer mag, legt mit Krabben- oder Robbenkutter (▶ S. 108) ab oder segelt auf dem historischen Lotsenboot Texelstroom (▶ S. 102) mit. Und zum Sportfischen lädt die MS Rival (www.sportvissentexel.nl).

Rasende Rikschas

TukTuk Express Texel 3

Eigentlich vermutet man sie eher in Asien, doch auch Texel hat seine Tuk Tuks. Entweder mietet man sie mit Fahrer oder fährt auf eigene Faust los.

De Vang 35K, www.tuktukexpresstexel.nl, April–Okt. Di–So 10–18 Uhr, in den Schulferien auch Mo, sonst n. V., Preise ▶ Website

Spielspaß

Wasserspielplatz und Kletterschiff 4

Am Jachthafen wartet ein schön gemachter Wasserspielplatz auf die Kids. Und um die Ecke ein 33 m langes Kletterschiff.

Wattenstrand-Wonnen

Wo kein **Strand** 5 war, ist nun einer: Nördlich vom Jachhafen lockt feinster Sand. Und am **Surfstrandje** (mit Surfshop und -verleih) werden vor allem Anfänger froh, allerdings ist der Spot sehr gezeitenabhängig.

INFOS

Bus: mit dem Texelhopper (▶ S. 115); Tickets gibt's u. a. beim Spar-Supermarkt. Diese Minibusse bedienen 130 Haltestellen und müssen 30 Min. bis 1 Std. vorher reserviert werden. Tickets im Hafen.
Jachthafen: Haven 26, www.waddenhaventexel.nl

TERMINE

Beach Food Festival: Wochenende im Juli oder Aug. Sonne, See, Strand … und ausgesprochen leckeres Essen: Texel lässt sich ein Wochenende lang in die Kochtöpfe schauen. Knapp 20 Restaurants zaubern in ihren Open-Air-Küchen Inseltypisches, aber auch Exotisches. Tolle Location direkt am Wattenstrand; www.beachfoodfestival.nl.
HavenVIStijn: Hafenfest an einem Samstagnachmittag im Aug., www.facebook.com/havenvistijn/?locale=nl_NL. Ein Fest rund um Fischfang und Fisch mit allerlei Leckereien.

AUSFLÜGE VON OUDESCHILD

Land's End

Wo alles beginnt und wieder endet: Bei **'t Hoorntje (**🗺 D 10/11) im Inselsüden legen die Fähren an und wieder ab. Die Minisiedlung mit Fahrradverleih (www.fietsverhuurtexel.nl) und Imbiss ist Ausgangspunkt diverser **Wander-** und **Radtouren** (Bauern- und Fischerroute, 33 km; Wasser- & Sand-Route, 34 km; Texelpad, 80 km; Infos: www.texel.net).

Maritimer Spielplatz

Eigentlich passt es nie. Auf dem Hinweg will man schnell auf die Insel, auf dem Rückweg nach Hause. Dabei ist der **Museumhaven Willemsoord in Den Helder (**🗺 Karte 4, C/D 1–3; www.willemsoordbv.nl) so sehenswert. Mit Museumshafen, Rettungs- und Marinemuseum, Trockendock und als Highlight dem U-Boot. Restaurants am Hafenkai locken.

Anheuern für einen Tag – **mit dem Kutter auf dem Wattenmeer**

Schon mal eine Qualle in der Hand gehalten? Oder einen Krebs? Eine Garnele gepult? Selbst Schollen können Sie streicheln, wenn Sie mögen. Das alles ist auf ›Anna‹ oder ›Walrus‹ möglich. Und keine Angst, die Meeresbewohner kehren nach der Begegnung mit dem Menschen in die See zurück – lebend! Nur die Garnelen nicht, die landen mehr oder minder gut gepult direkt im Bauch.

Am **Hafen** 1 herrscht hektisches Treiben, die letzten Bootstickets werden verkauft, der Skipper geht an Bord und die anderen beeilen sich, es ihm nachzutun. Jeder sucht sich seinen Platz – je nach Witterung draußen oder drinnen in der warmen Kombüse. Pünktlich auf die Minute legt der Kutter ab und der Käpt'n beginnt mit seinem Kauderwelsch aus Niederländisch und Deutsch, das die Mitreisenden nun für ein paar Stunden begleiten wird.

Fisch voraus

Laut tutend verlässt das Schiff den Hafen. Das Programm heute ist dasselbe wie schon seit Jahrzehnten und, auch wenn man schon zum x-ten Mal dabei war, immer wieder schön. Der Blick zurück fällt auf die Insel, die mit Mühle, Segelschiffen, Kuttern und Kirchturm wie ein Scherenschnitt wirkt. Nach Überqueren der 25 m tiefen Fahrrinne, so erläutert der Skipper, werde in flacheren Gewässern gefischt. Gesagt, getan. Auf einer Breite von 8 m gleitet das Schleppnetz mit der Strömung über den Meeresboden – auf Rollen übrigens. Das Boot darf nicht zu schnell sein, 3,2 Knoten etwa, sonst ist das Netz zu weit vom Boden entfernt und Fisch und Co. landen nicht in den Maschen. Eine gute halbe Stunde bleibt es unten, dann wird der Fang eingeholt.

Technische Nabelschau

Langeweile kommt an Bord allerdings keine auf. Während der Kapitän Kurs hält, gibt er duch, dass

Seehunde voraus! Mit etwas Glück sind auf den **Fahrten zu den Seehundbänken** 2 Gruppen dieser possierlichen Tiere zu sehen, die sich auf den Sandplatten sonnen. Im niederländischen Teil der Nordsee leben etwa 8000 Tiere, gut 6000 gemeine und knapp 2000 graue Seehunde. Bei Flut jagen die im Wasser äußerst wendigen Tiere, bei Niedrigwasser ruhen sie sich auf den trocken gefallenen Sandbänken aus. Hier werden übrigens auch die Heuler geboren, die schon wenige Stunden nach der Geburt schwimmen können (► S. 109).

Die guten ins Eimerchen, die schlechten ins Meer … Nein, so läuft es nicht an Bord. Egal, ob Fisch, Seestern oder Qualle, der Skipper erzählt zu jedem Tier eine Geschichte.

es in der Kombüse Kaffee, Tee, Kaltgetränke und Snacks gibt, man aber »den Barmann auch einfach zum Quatschen oder zum Seemannsgarn erzählen« aufsuchen kann. Den Hartgesottenen, die bei ihm an Deck ausharren, erzählt er von den technischen Errungenschaften an Bord, über die die moderne Seefahrt heute verfügt. Der Skipper erläutert anschaulich die Bedeutung von Radar, Tiefenmesser und Satellit. Und wer mag, kann auf die Brücke kommen und sich die Instrumente anschauen.

Ja, wen haben wir denn da?

Auf einmal herrscht an Bord ein Riesengewusel: Das Netz ist an Deck. Die Möwen kreischen hektisch, sie hoffen, dass auch für sie etwas abfällt. Der Fang wird ins Wasserbecken geschüttet, die grauen Garnelen kommen direkt in den Kocher mit Seewasser, rosa sind sie erst nach dem Garen. In der Metallwanne liegen vor allem Plattfische, Schollen, Glatt- und Steinbutte kreuz und quer durcheinander. Und viele Seezungen, kleine und große. Ein guter Fang, denn die *zeetong* gilt als absolute Delikatesse auf Texel. Da, ein Knurrhahn *(rode poon)*. Das Raubtier mit den fleischigen Lippen frisst alles: Algen, Krabben, Fische »und auch Kinder«, lacht der Käpt'n. Die durchsichtige Ohrenqualle ist schön anzusehen. »Die könnt Ihr streicheln, die ist fast ungiftig«. Das glibberige Etwas kommt dann aber doch ganz schnell ins Meer zurück. Genau wie der Rest des Fangs, der nun mit vereinten Kräften zurück ins Wasser befördert wird.

INFOS/ÖFFNUNGSZEITEN

Ticketschalter im Hafen ❷: Abfahrten mehrmals tgl., Preise: um 20 €, variieren je nach Tour (1,5–3 Std.) und Anbieter, z. B. garnalenvissenoptexel.nl

SCHIFF AHOI!

Wer länger auf See bleiben möchte, dem seien die Dreimaster **Avontuur** oder **Willem Jacob** empfohlen (www.avontuur.nl, www.willemjacob.nl).

KRABBEN SATT

Vor dem Krabben pulen braucht keiner Angst zu haben: Die fachmännische Anleitung gibt's gratis und einige lernen sehr schnell. Doch niemand muss hungrig von Bord gehen, der Fang war gut und jeder bekommt zum Abschied noch ein Beutelchen mit Garnelen in die Hand gedrückt.

Faltplan: E 9 | **Cityplan:** S. 103

Hin & weg

ANREISE

Mit dem Auto
Das niederländische Autobahnnetz ist sehr dicht und gut ausgebaut. Je nach Ausgangspunkt empfehlen sich die Achsen Oldenburg–Groningen–Abschlussdeich (A7) und Landstraße bis Den Helder; Arnhem–Utrecht (A12/A9)–Alkmaar und Landstraße (N9) bis Den Helder bzw. Amsterdam (A10/A7)–Hoorn und Landstraße bis Den Helder sowie Den Haag (A44 bzw. A4)–Amsterdam bzw. Beverwijk (A9) und Landstraße nach Den Helder.

Mit dem Zug
Der Fährhafen von Den Helder ist gut ans Eisenbahnnetz angeschlossen, Anschlussbusse sichern in Den Helder die reibungslose Verbindung vom Bahnhof zum Schiff (Buslinie 33). Achten Sie auf Sparpreisangebote der Bahn, z. B. den Super Sparpreis Europa ab 19,90 € bzw. den Sparpreis Europa ab 22,90 € pro einfacher Fahrt (2. Klasse).
Mehr Infos zu den Zügen der **Deutschen Bahn** unter www.bahn.de. Infos über die niederländische Bahn, **Nederlandse Spoorwegen,** unter www.ns.nl.

Die Inselgemeinde erhebt eine Kurtaxe, allerdings ist diese im Preis für die Unterkunft enthalten. Bei einem Aufenthalt von höchstens sieben aufeinanderfolgenden Nächten fallen 2,30 € pro Nacht und Person an. Bei einem längeren Aufenthalt gibt es verschiedene Festpreise. Weitergehende Infos beim VVV in Den Burg (► S. 111) und online unter www.texel.net/de.

Mit der Fähre
Für die Fähre nach Texel ist **keine Reservierung** notwendig und möglich. Das Boot fährt (mind.) im Stundentakt, ab Den Helder immer zur halben Stunde (6.30–21.30, So, Fei je nach Saison ab 7.30/8.30 Uhr), ab 't Hoorntje/Texel, 6,5 km südlich von Den Burg gelegen, immer zur vollen Stunde (6–21, So, Fei je nach Saison ab 7/8 Uhr). In Stoßzeiten fährt die Fähre halbstündlich und es werden ggf. Zusatzfähren eingesetzt.
Fahrtzeit: ca. 20 Min.
Tickets: in Den Helder direkt an der Fähre (nur bargeldlos) oder online über www.teso.nl/de. Di–Do sind Pkw-Tickets bis zu 30 % günstiger.
Weitere Infos (auch zum Parken in Den Helder): www.teso.nl/de

Einreise- und Zollbestimmungen
Deutsche, Schweizer und Österreicher können sich mit einem gültigen Reisepass/Personalausweis bis zu drei Monaten in den Niederlanden aufhalten. Zollfrei bei der Ein- oder Ausfuhr innerhalb der EU-Staaten bleiben Waren für den persönlichen Bedarf (800 Zigaretten, 90 l Wein etc.).

GELD

Landeswährung ist der Euro. Es gibt auf der Insel überall Geldautomaten, an denen mit Kredit- und Maestro-Karte Bargeld abgehoben werden kann. Kreditkarten werden fast überall akzeptiert; in vielen Läden kann man (nur) mit der Maestro-Karte bezahlen.

GESUNDHEIT

Die Krankenkassen erstatten die Behandlungskosten von niedergelassenen Ärzten gegen Vorlage der Rechnung in Höhe der deutschen Sätze. Die **Europäische Krankenversicherungskarte (EHIC),** die gesetzlich Versicherte von

Knallbunt ist der Frühling auf Texel – Narzissen streichen die Landschaft gelb an.

ihrer Krankenkasse erhalten, erleichtert die Abrechnung von Krankenhauskosten. Eine zusätzliche **Reisekrankenversicherung** sichert nicht gedeckte Kosten. Ärzte und Apotheken bzw. Hausärzte mit eigener Apotheke gibt es auf der Insel, allerdings kein Krankenhaus. Im Notfall werden Kranke per Schiff oder Hubschrauber aufs Festland gebracht. Dank einer guten Zusammenarbeit von Hilfsdiensten und Fährgesellschaft dauert der Krankentransport nicht länger als in anderen Teilen der Niederlande. Über diensthabende Ärzte informieren die jeweiligen Zeitungen, Infos auch auf der Website des Fremdenverkehrsverbandes (www.texel.net/de/ueber-texel/faciliteiten/hilfe-im-notfall).

INFORMATIONSQUELLEN

Auf der Insel
Der **VVV Texel** (Fremdenverkehrsamt) ist die zentrale Anlaufstelle für alle Fragen rund um die Insel. Hier kann man Broschüren und Karten erwerben (z. T. gratis; viele auf Deutsch), Unterkünfte buchen und sich für Exkursionen und Veranstaltungen anmelden.

VVV Texel
Emmalaan 66, 1791 AV Den Burg
T 0031 222 31 47 41
WhatsApp 0031 6 83 35 78 27
www.texel.net/de
Mo–Sa 9–17 Uhr

SICHERHEIT & NOTFÄLLE

Natürlich sollte man auf der Insel nicht allzu leichtsinnig sein und Wertsachen nicht offen herumliegen lassen; besondere Vorsicht ist allerdings nicht geboten. Auch Einbrüche in Sommerhäusern sind eher selten und viele Badegäste lassen ihre Badetasche unbewacht am Strand.

Notrufnummern
Feuerwehr, Polizei, Ambulanz:
T 112
Pannenhilfe: T 0031 88 269 28 88
oder **ADAC-Auslandsnotruf**
T +49 89 22 22 22
Sperrung von Bankkarten:
T +49 116 116

Im Internet

www.texel.net/de: Die Website des VVV Texel ist äußerst informativ.
www.texel.de: Welche Temperaturen gerade auf Texel sind? Was morgen an Veranstaltungen ansteht? Diese Website weiß es. Hier gibt es eine Menge Infos rund um die Insel, u. a. zu Unterkünften sowie weitere Tipps und ein bisschen was zur Geschichte.
www.holland.com: Die offizielle Seite des Niederländischen Büros für Tourismus (NBTC) bietet allgemeine Informationen zu den Niederlanden, zur Küste, zum Wattenmeer, zu den einzelnen Inseln und den Naturparks.
www.visitwadden.nl/de: mehr als 1200 km Wanderwege rund ums Wattenmeer. Vorschläge für Watt und Tageswanderungen, Routenplaner, interaktive Karte, Gratis-App.

REISEN MIT HANDICAP

Texel kann sich **barrierefrei** nennen. Strandrollstühle, mit denen man auch ins Wasser fahren kann, E-Bikes, Dreiradscooter und spezielle Räder für Behinderte können ausgeliehen werden. Falls notwendig, kann eine Betreuung über einen Pflegedienst organisiert werden (Infos: VVV Texel ► S. 111).

SPORT UND AKTIVITÄTEN

Das Angebot an sportlichen Aktivitäten auf der Insel ist riesig. Die wichtigsten sind nachfolgend aufgeführt, doch ist noch viel mehr möglich. So kann man auch Bogenschießen lernen, Beachgolf spielen, Buggy fahren, powerkiten, raften etc. (Infos: VVV Texel ► S. 111).

Angeln

Auf dem Meer, am Strand und auf dem Deich ist Angeln ohne Schein erlaubt; allerdings mit höchstens zwei Angeln pro Person. Es empfiehlt sich, außerhalb bewachter Strandabschnitte seinem Hobby nachzugehen. Wer in Binnengewässern angeln will, braucht eine Lizenz. Auf der Insel werden Angelfahrten auf Fischkuttern organisiert.

Tipps für Schwimmer: Den Lebensrhythmus an der Küste bestimmen die Gezeiten. Tabellen mit *hoog- en laagwatertijden* werden in der Presse veröffentlicht, hängen beim Verkehrsbüro aus bzw. sind dort als Flyer zu bekommen. An den bewachten Stränden sind sie plakatiert oder auf Kreidetafeln (mit Luft-und Wassertemperaturen) notiert. Ursache für Ebbe und Flut sind die Fliehkraft der Erde und die Anziehungskraft von Mond und Sonne. Um ungefährdet schwimmen zu gehen, sollten einige Regeln beachtet werden: Am besten bei steigendem Wasser, also bei Flut, baden gehen. Schwimmen bei Ebbe und starkem Wind ist gefährlich. Luftmatratzen etc. sind auf Texel im Meer verboten, da sie durch die Strömung zu schnell abtreiben. Man sollte auch nie in der Nähe von Buhnen, Wellenbrechern, Hafenmolen etc. ins Wasser gehen; hier ist ein Sicherheitsabstand von mind. 40 m empfohlen.

Fallschirmspringen

Texel besitzt auf dem kleinen Flughafen ein Paracentrum (► www.texelairport.nl und www.paracentrumtexel.nl/de).

Golf

Es gibt einen ausgezeichneten 18-Loch-Golfplatz im Inselnorden (► S. 86).

Kanu- und Kajakfahren

Auf der Insel werden Touren und/oder Kurse auf Nordsee und Wattenmeer organisiert (Infos: VVV Texel ► S. 111).

Radfahren

Texel hat ein ausgezeichnetes Radwegenetz. Den Weg weisen die sog. *paddestoelen* (›Pilze‹; ► S. 5), die zahlreich über die Insel verteilt sind. Beim VVV gibt es reichlich Kartenmaterial und Vorschläge für Touren (Infos: VVV Texel ► S. 111). Viele Verleiher machen auch den glücklich, der kein eigenes Rad mitbringt.

Reiten
Es gibt mehrere markierte Reitwege auf der Insel. Und auch am Strand ist Reiten möglich, allerdings nur zu bestimmten Zeiten bzw. geführt. Die beiden Reitställe in De Koog (► S. 68) organisieren Kurse und Ausritte, für die Kleinen gibt's Ponys und Unterricht.

Schwimmen
Kapital der Insel sind ihre Strände: Sie sind kilometerlang, breit, feinsandig, kinderfreundlich und damit Hauptanziehungspunkte für Groß und Klein. In der Saison gibt es bewachte Badestrände. Den Anweisungen der *strandwacht* ist Folge zu leisten: Denken Sie an starke Strömungen und Priele. Vor gefährlichen Strandabschnitten warnen Schilder. Flaggen zeigen an, ob Baden erlaubt ist. Rot bedeutet Badeverbot, Grün Schwimmen erlaubt. Auf Texel gibt es offizielle FKK-Strände, und zwar bei Den Hoorn (bei Strandaufgang Paal 9) sowie bei De Cocksdorp (zw. Paal 26,4 und 27,45). *Strandhuisjes* (kleine Holzhäuschen), Liegestühle, Sonnenschirme und Strandkörbe kann man an den bewachten Stränden mieten, auch Strandrollstühle. Etliche Hotels bieten auch Nichtgästen die Benutzung ihres Hallenbades an (Infos: VVV Texel ► S. 111).

Segeln und Katamaransegeln
Auf Texel findet sich ein gut ausgestatteter Jachthafen (www.waddenhaventexel.nl). Wer kein eigenes Schiff besitzt, kann sich auch einem ein- oder mehrtägigen Törn anschließen, vielleicht auf einem historischen Segelschiff (► S. 109).

Surfen, Wind- und Kitesurfen, Strandsegeln und Powerkiten
Der frische Wind garantiert Surfern fast immer ideale Voraussetzungen. Es wird auch allen anderen Sportarten gefrönt, für die Wind nötig ist – davon hat man schließlich genug. Surfschulen gibt es an der Nordseeseite (► S. 57 und S. 68).

Tennis
Die Tennisanlagen gehören fast immer zu Hotels. Es ist notwendig, frühzeitig zu reservieren (Infos: VVV Texel ► S. 111).

Wandern und Wattwandern
Ob Rund-, Ein- oder Mehrtageswanderung, Familienspaziergang, Wattwanderung, geführte Tour oder Lehrpfad – die Watteninsel Texel ist mit knapp 200 km ausgewiesenen Wanderwegen ein ausgezeichnetes Revier für Wanderer (Infos: VVV Texel ► S. 111). Routentipps ► unter den einzelnen Orten. Infos zum Wattwandern auch unter www.holland-nordseeinseln.de und ► S. 85.

Wellness
Wellnessfans werden ein Fleckchen für die Entspannung finden, sei es in den diversen Wellness- und Spabereichen der Hotels, die zumeist auch für Nichtgäste zugänglich sind (Arrangements online buchbar), in Beauty- und Wellnesssalons, Spa- und Massagezentren oder Saunen. Es können auch komplette Wellnesspakete über die Hotels gebucht werden (Infos: VVV Texel ► S. 111).

Wintersport
Sobald es friert, zieht es den Texelaar zur Eislaufbahn, die es in jedem Dorf gibt – auf zum Volkssport Nr. 1, dem *schaatsen*. Einige Radverleiher verleihen auch Schlittschuhe und Skier. Denn: Es wird leidenschaftlich gerne Langlauf betrieben.

ÜBERNACHTEN

Wer auf Texel mitten im Geschehen sein möchte, muss sich in De Koog einquartieren, bis spät in die Nacht herrscht dort noch reges Treiben und von hier hat man den kürzesten Weg zum Strand. Auch in Den Burg ist immer etwas los. Ruheliebende sollten sich einen kleineren Ort wie Oosterend oder Den Hoorn suchen.

Strandpavillons machen das Leben auf Texel noch süßer ...

Buchen
Unterkünfte findet man über das Fremdenverkehrsbüro online (www.texel.net/de/uebernachten). Selbst Vermieter von Privatzimmern und Ferienhäusern sind hier erwähnt. Im Sommer und in den Ferien sind so gut wie alle Unterkünfte weg, man muss Monate im Voraus buchen. Die Unterkünfte auf der Insel sind relativ teuer, Apartments in der Nebensaison um ca. 50–60 % billiger, Ferienhäuser mitunter sogar bis zu 70 %. Nutzen Sie *Midweek*- und Wochenendangebote. In vielen Hotels gilt die Regelung, dass übers Wochenende für mindestens zwei bis drei Tage gebucht werden muss. In den Sommermonaten Juli und August kann man sich in den meisten Häusern nur wochenweise einmieten. Bei Übernachtung im Doppelzimmer zahlen Einzelpersonen in der Regel einen Zuschlag.

Hotels und Pensionen
Von Familienpensionen bis zu großen Hotelanlagen gibt es alles. Dementsprechend unterschiedlich ist auch die Ausstattung der Zimmer: Die Palette reicht von recht kleinen, nüchtern und zweckdienlich gehalten Zimmern bis zu stylishen Luxussuiten mit Whirlpool und separatem Ankleidezimmer. In den meisten Hotels ist das Freizeitangebot groß. Besonders gefragt sind Häuser mit Meerblick. Auf Online-Angebote achten.

PREISKATEGORIEN IM BUCH

€ unter 100 Euro
€€ 100 bis 150 Euro
€€€ über 150 Euro
Preise für ein Doppelzimmer

Privatzimmer
Logies met ontbijt, Zimmer mit Frühstück, und B&Bs bieten eine günstigere Alternative zu Hotel und Pension.

Ferienwohnungen und Mobilheime
Bei längeren Aufenthalten ist diese Art der Unterbringung sicherlich die günstigste. Die Ferienhäuser und -wohnungen sind üblicherweise gut ausgestattet (5-Sterne-Klassifizierung). Viele Häuser befinden sich in Bungalowparks, was bedeuten kann, dass sie sehr nah beieinanderliegen. Wer der Meinung ist, seine Koffer seien eh schon zu schwer, der kann Bettwäsche und Handtücher ausleihen (Infos: VVV Texel ► S. 111). Bei den Niederländern ist auch die Anmietung eines Mobilheims sehr beliebt. Die *stacaravans* (fest installierte, komplett ausgestattete ›Wohnwagen‹) haben oftmals die Ausmaße eines kleinen Ferienhauses und sind auch ähnlich ausgestattet, aber günstiger.

Gruppenunterkünfte
Nicht nur in den Niederlanden ist die Watteninsel ein beliebtes Ziel für Schul-

ausflüge. Daher gibt es hier eine große Zahl von unterschiedlich ausgestatteten Gruppenunterkünften, die meist schön liegen (Infos: VVV Texel ► S. 111).

Jugendherberge
Eine schöne, gut gelegene Jugendherberge gibt es in Den Burg (► S. 28).

Campingplätze und Zelten auf dem Bauernhof
Es gibt zahlreiche Camping- und Caravanplätze, auf denen auch Mobilheime zu mieten sind. Sehr schön sind die Naturcampingplätze, die von *Staatsbosbeheer*, der Staatlichen Forstbehörde, unterhalten werden. Sie sind klein, einfach, schön und ruhig gelegen. Auch das Zelten auf dem Bauernhof ist eher etwas für Ruheliebende. Die Plätze sind meist klein und einfach, mit oft großzügigen Stellplätzen (Infos: VVV Texel ► S. 111).

VERKEHRSMITTEL

Mit Bus und Taxi
Bei der Ankunft der Fähre stehen Taxis, Sammeltaxis und Busse bereit. Die Strecke nach Den Burg und De Koog bedient die Buslinie Nr. 28. Alle übrigen Destinationen werden vom Kleinbus **Texelhopper** angefahren, der mind. 30 Min. zuvor telefonisch reserviert werden muss (3,05 € pro Fahrt, günstigere Tages- und Familienkarten, www.texelhopper.nl/de). Die Tickets können entweder beim Fahrer oder bei verschiedenen Vorverkaufsstellen (► Website) erworben werden.

Mit dem Auto
Die Pkw-Mitnahme nach Texel ist erlaubt. Die Höchstgeschwindigkeit in den Niederlanden beträgt 50 km/h in Ortschaften, 80 km/h auf Landstraßen und von 6–19 Uhr 100 km/h auf Autostraßen (von 19 bis 6 Uhr 130 km/h auf Autobahnen). Es besteht Anschnallpflicht und eine Promillegrenze von 0,5. Bei Verkehrsverstößen und Falschparken drohen hohe Geldbußen. Kraftstoff wird in den Niederlanden als *gas olie* (Diesel), *euro* (bleifreies Super, 95 Oktan) und als *superplus* (98 Oktan) angeboten.

Mit dem Fahrrad
Dem *fiets* gebührt natürlich eine Extra-Erwähnung! Es ist das Fortbewegungsmittel auf der Insel überhaupt. Man ist gut beraten, das Auto entweder auf dem Festland oder möglichst häufig an der Unterkunft stehen zu lassen. Engmaschige Rad- und Wandernetze stehen überall zur Verfügung (Infos zu Leihfahrrädern, Routen, Fahrradwegen ► S. 111). Beim VVV findet man auch Informationen zu E-Bikes und zu Aufladestationen sowie zu behindertengerechten Fahrrädern (Infos: VVV Texel ► S. 111).

DER UMWELT ZULIEBE – NACHHALTIG REISEN

Die Umwelt schützen, die lokale Wirtschaft fördern, intensive Begegnungen ermöglichen, voneinander lernen – nachhaltiger Tourismus übernimmt Verantwortung für Umwelt und Gesellschaft.

Nachhaltiger Tourismus im Weltnaturerbe Wattenmeer: Im Juni 2013 konnte die Trilaterale Wattenmeer-Kooperation erstmals gemeinsame Perspektiven für die Entwicklung eines nachhaltigen Tourismus in den drei Wattenmeerstaaten aufzeigen, die zum Schutz und Erhalt des Weltnaturerbes beitragen. Mehr Informationen: www.waddensea-worldheritage.org/de.

Watteninseln ›nachhaltig‹: Das Auto bleibt am besten auf dem Festland oder am Ferienhaus stehen. Denn auf Texel ist das Fahrrad *das* Fortbewegungsmittel der Wahl. Lokale Inselprodukte zu kaufen, ist ein weiterer Beitrag, den Sie leisten können.

O-Ton Texel

Schnodderlappen
Taschentuch

de velle foor de óge hange

das Fell über die Augen hängen
schlafen gehen

FEUGELTESKIEKERS

Vogelbeobachter
Gemeint sind Touristen.

Düne
z. B. Fonteinsnol im Wald De Dennen

Eendekukeltjesweer

Entenkükenwetter
Schönes, mildes Frühlingswetter ohne Wind – günstig für Tier und Mensch

skéép

Schaf
Ein wichtiges Gesprächsthema auf der Insel, denn man sieht sie überall. Auf Texel gibt es davon mehr als Einwohner.

DE OVERKANT

die gegenüberliegende Seite
Gemeint ist das Festland, der Rest der Niederlande, der Rest der Welt. Alles außer Texel eben!

Hee lóópt os een mál skéép.

Er läuft wie ein verrücktes Schaf.
Sagt man etwa über jemanden, der ziellos hin- und herläuft.

koppiestiêd

Tassenzeit
Zeit für eine leckere Tasse Kaffee.

boven de Rugediek

hinterm Rugediek
Gemeint sind die Leute hinter dem Sanddeich bei De Koog, die Eierlander, die als anders gelten.

Ik kreeg het foor een skeet en drie knikkers.

Das kriege ich für einen Furz und drei Knikker.
Etwas für einen Apfel und ein Ei bekommen.

Register

Das Klima im Blick

Reisen bereichert und verbindet Menschen und Kulturen. Wer reist, erzeugt auch CO_2. Der Flugverkehr trägt in erheblichem Maß zur globalen Erwärmung bei. Wer das Klima schützen will, sollte sich – wenn möglich – für eine schonendere Reiseform entscheiden oder die Projekte von atmosfair unterstützen. Flugpassagiere spenden einen kilometerabhängigen Beitrag für die von ihnen verursachten Emissionen und finanzieren damit Projekte in Entwicklungsländern, die dort den Ausstoß von Klimagasen verringern helfen (www.atmosfair.de). Auch die Mitarbeiter des DuMont Reiseverlags fliegen mit atmosfair!

Abbildungsnachweis
Getty Images, München: S. 75 (Winfried Wisniewski)
laif, Köln: S. 120/4 (eyevine/Xinhua News Agency); 120/9 (HoHo/Jurjen Drenth); 120/6 (Hollandse Hoogte/Werry Crone); 120/3 (Spaarnestad Photo); 29 (VW Pics/ Ton Koene)
Mauritius Images, Mittenwald: S. 76 (Alamy/Horizons WWP/TRVL); 83 (imagebroker/ Dbn); 57 (imagebroker/Friedhelm Adam); 120/5 (Masterfile RM/Gail Mooney); 120/2 (United Archives/WHA)
Paul Schulze Langenhorst, Rheine: Umschlagklappe vorn, Umschlagklappe hinten, 4 u., 7, 8/9, 42/43, 51, 60, 72/73, 90/91, 106, 109
Susanne Troll, Köln: Titelbild, Faltplan, 10, 11, 14/15, 19, 33, 36, 52, 66, 70, 80, 84, 85, 87, 99, 104, 105, 111, 114, 120/8
Susanne Völler, Köln: S. 17, 18, 24, 30, 44, 48, 49, 55, 58, 59, 64, 69, 82, 94, 95, 98, 100, 101, 120/7
VVV Texel, Den Burg (NL): S. 40; 92/93 (Eckard Boot); 4 o. (Leonie Hoever)
Wikimedia Commons : S. 120/1 (CC0 1.0/Rob Bogaerts (ANEFO)/GaHetNa (Nationaal Archief NL))
Zeichnung: S. 5 (Antonia Selzer, St. Peter); 3 (Gerald Konopik, Mammendorf)

Kartografie
© KOMPASS-Karten GmbH, A-6020 Innsbruck; DuMont Reiseverlag, D-73751 Ostfildern

Umschlagfotos
Titelbild: Wandern im Naturschutzgebiet De Slufter
Umschlagklappe hinten: Skulptur »'t Juttertje« (»Der Strandräuber«) in Den Hoorn

Hinweis: Autorin und Verlag haben alle Informationen mit größtmöglicher Sorgfalt geprüft. Gleichwohl erfolgen alle Angaben ohne Gewähr. Bitte schreiben Sie uns! Über Ihre Rückmeldung zum Buch und Verbesserungsvorschläge freuen sich Autorin und Verlag:
DuMont Reiseverlag, Postfach 3151, 73751 Ostfildern,
info@dumontreise.de, www.dumontreise.de

3., aktualisierte Auflage 2023

Autorin: Susanne Völler
Grafisches Konzept: Eggers+Diaper, Potsdam
Printed in Poland

Kennen Sie die?

9 von 13 656 Texelaars

Imme Dros

Das gebürtige *texels meisje* schreibt preisgekrönte Jugendliteratur, die ihr Mann illustriert. Eines ihrer drei Kinder ist Mitbegründer des Navigationsgeräteherstellers TomTom. Ob man sich auf Texel wohl verlaufen kann?

Michiel de Ruyter

Der bescheidene Admiral führte die niederländische Flotte im dritten Englisch-Niederländischen Krieg (1672–74) in der Schlacht vor Texel und wurde in seinem Leben nur zweimal verletzt, das zweite Mal tödlich.

Jac. P. Thijsse

Der Grundschuldirektor verließ die Insel zwar 1893, blieb ihr aber immer treu. Als Amsterdam 1904 einen Moorsee mit Müll zuschütten wollte, gründeten seine Frau und er die erste Naturschutzorganisation der Niederlande.

Dorian van Rijsselberghe

Mit 13 Jahren gewann der Windsurfer seinen ersten nationalen Titel, mit 24 die erste olympische Goldmedaille, die zweite folgte 2016. Kein Wunder, ein gutes Surfrevier lag ja immer vor der Haustür.

»Der Träumer von Rapa Nui«

Der erste Europäer, der 1722 die Osterinsel betrat, startete in Texel. Mehr als 270 Jahre später manifestierte ein polynesischer Künstler die Verbindung beider Inseln in der Figur des Moai.

Jan Wolkers

Er kam nicht gebürtig von Texel, doch fand er hier sein Zuhause. Die Natur inspirierte den Künstler, der 2007 auf der Insel verstarb. Er gilt als einer der größten Schriftsteller der niederländischen Nachkriegsliteratur.

Skuumkoppe

Dieses Weizenbier wurde gebraut, um einen Siegeszug rund um die Welt anzutreten. Wo auch immer es getrunken wird, der texelsche Leuchtturm im Logo ist stets dabei.

Texelaar

Knuffig sind sie und ausgesprochen robust und widerstandsfähig. Nur wenn sie umfallen, kommen sie nicht wieder von alleine hoch und brauchen Ihre Hilfe. Echt wahr!

Maarten Boon

Der *jutter* starb 2015 im Alter von nur 62 Jahren. Zu früh: Er wollte noch so viel Zeit am Strand verbringen. Denn die ›Strandräuberei‹ war kein Hobby, sondern sein Leben.